Alexander Markschies

# Gebaute Pracht

Der Palazzo Strozzi in Florenz

(1489–1534)

ROMBACH WISSENSCHAFTEN • REIHE QUELLEN ZUR KUNST

herausgegeben von Norberto Gramaccini

**Band 11**

Alexander Markschies

# Gebaute Pracht

## Der Palazzo Strozzi in Florenz (1489–1534)

ROMBACH VERLAG

Umschlagbild: Giuliano da Sangallo, Palazzo Strozzi, Baumodell (Ausschnitt). Florenz, Museo Nazionale del Bargello

Die Deutsche Bibliothek - CIP-Einheitsaufnahme

**Markschies, Alexander**:
Gebaute Pracht : Der Palazzo Strozzi in Florenz (1489–1534) / Alexander Markschies. – 1. Aufl. – Freiburg im Breisgau : Rombach, 2000
(Rombach Wissenschaften : Reihe Quellen zur Kunst ; Bd. 11)
ISBN 3-7930-9214-3


Lektorin: Dr. Edelgard Spaude
Umschlaggestaltung: Barbara Müller-Wiesinger
Satz und Repro: post scriptum, Freiburg im Breisgau
Herstellung: Stiehler Druck & media GmbH, Denzlingen
Printed in Germany
ISBN 3-7930-9214-3

## Inhalt

# I Vorbemerkung

Höher als ein zehnstöckiges modernes Gebäude und in der Grundfläche weitläufiger als das Weiße Haus in Washington – so hat einer der bedeutenden Erforscher der Geschichte des Florentiner Palastbaus die Maßrelationen des Palazzo Strozzi beschrieben.[1] Auch die Zeitgenossen bemühten Vergleiche, um die Großartigkeit dieses Palastes zu fassen: Noch zur Zeit seiner Errichtung soll Ercole d'Este, der Herzog von Ferrara, bemerkt haben, »dass der Palast prächtiger werden wird als derjenige Lorenzos«,[2] würdiger also als die größte private Bauunternehmung in Florenz um die Mitte des 15. Jahrhunderts – der Palazzo Medici. Schon dieser erschien den Zeitgenossen im Hinblick auf Repräsentation und baukünstlerische Vollendung als epochebildendes Werk.[3] Gleiches gilt, zumindest was den Anspruch betrifft, auch für den Palazzo Strozzi, dem diese Untersuchung gewidmet ist.[4]

Die Baumonographie berücksichtigt mit gleichem Nachdruck sowohl die in beträchtlichem Umfang erhaltenen Quellen, zu denen nicht zuletzt auch das aus der Bauzeit stammende Modell des Palastes gehört, als auch die gebaute Architektur selbst. In der Architekturgeschichte von Florenz existiert kein zweiter Bau, der auf einer vergleichbar sicheren Basis zu interpretieren ist. Als zentrale Quellentexte sind der Untersuchung Auszüge aus der von seinem Sohn verfaßten Lebensbeschreibung des Bauherrn, des Kaufmanns Filippo Strozzi, Partien des Testaments sowie Einträge des Tagebuchs von Luca Landucci

1 Goldthwaite (1972), S. 1005.

2 »El Signore dize sarà più superba de quella de Lorenzo«, zitiert nach Kent (1977), S. 315, Anm. 16.

3 Vgl. dazu Tönnesmann (1993).

4 Vgl. an älterer Literatur u.a. das grundlegende Buch von Guido Pampaloni (1963) sowie die in den Anmerkungen zitierten Forschungsbeiträge. Moderne Monographien zu anderen Florentiner Palästen des Quattrocento legten Andreas Tönnesmann (1983) und Michael Lingohr (1997) vor; diesen Darstellungen verdankt die vorliegende Studie viel.

und Sequenzen der Künstlerviten Giorgio Vasaris vorangestellt. Anhand zeitgenössischer Dokumente werden die Absichten und Motive des Auftraggebers untersucht, ein so ambitioniertes Unternehmen ins Werk zu setzen.[5] Auch bei der beschreibenden Analyse des Baumodells nebst seinen beiden Planungsvarianten wie auch dem Palast selbst werden immer wieder Texte des 15. Jahrhunderts zur Sprache kommen, damit eine zeitgenössische Sichtweise – so fiktiv sie auch bleiben muß – nachvollziehbar werden kann. Bei dem am verläßlichsten dokumentierbaren Palast in Florenz interessieren aber auch die durch diese Quellen kaum zu klärenden Fragen, so die nach dem Verantwortlichen für die architektonischen Ideen oder den Ausführenden der Pläne Filippo Strozzis.

Anliegen dieser Untersuchung ist es, die visuellen Argumentationsstrategien eines der prominentesten Renaissancepaläste lesbar und am Ende ein Bauwerk in seiner Gestalt wie auch seinen Entstehungsbedingungen faßbar zu machen.

5 Die Texte sind alle publiziert, z. T. jedoch an entlegener Stelle. Sie werden hier durchweg auch in deutscher Sprache wiedergegeben. Den Übersetzungen des Autors sowie denen von Anja Brug ist zudem die originalsprachliche Fassung gegenübergestellt. Auf die Angabe von Archivsignaturen wurde verzichtet.

# II Die Quellen

## Dokument I: Die Vita Filippo Strozzis[6]

»Filippo, havendo proveduto copiosamente alla sua successione, cupido più di fama che di roba, non havendo altro maggiore, nè più sicuro modo a lasciare di se memoria, essendo inclinato per natura all'edificare, et havendone non poca intelligenza, si messe in animo di fare un'edifizio, che a se e a tutti i suoi in Italia e fuori desse nome. Ma gli restava una difficultà non piccola, perchè potendo chi reggeva dubitare che l'altrui gloria non oscurasse la sua, temeva di non far cosa che gli generasse invidia. Laonde egli cominciò a sparger voce che haveva tanti figliuoli e sì piccola abitazione, che gli bisognava, così come egli generati gli haveva, pensasse anco dove potessero abitare, e che molto meglio ciò potrebbe egli e saprebbe fare in vita, che loro dopo la morte sua. Cominciò dunque dalla lunga prima co' muratori, poi con architetti a ragionare, mostrando la necessità sua dell'abitare. E qualche volta fingeva voler dar tosto principio, e qualche volte non esser risoluto, e dolergli lo spendere in breve tempo quello, che a tanti anni e con tanta fatica e industria haveva guadagnato, dissimulando a ciascuno astutamente l'animo e fine suo non per altro, che per poterlo meglio conseguire; dicendo sempre che gli bastava un' abitazione agiata e cittadinesca, utile e non pomposa. Ma i muratori et architettori secondo il costume loro augumentavano ogni suo disegno, il che a Filippo era grato, quantunque dimostrasse tutto il contrario, dicendo che lo sforzavano a quello che non voleva, nè potea fare. Aggiungevasi a questo, che chi reggeva desiderava che la città fusse

6 Gegen 1530 schreibt Lorenzo Strozzi die Viten verschiedener Mitglieder der Strozzi-Familie, darunter die seines Vaters Filippo. Der mehrfach edierte Text folgt hier der Ausgabe von Gaye (1839), Bd. 1, S. 354–357.

con ogni spezie d'ornamento esaltata, parendogli che come il bene et il male da lui dependeva, così anco il bello e brutto anco se li dovesse attribuire, giudicando che un'impresa sì grande e di tanto spendio non si potesse nè regolare, nè vedere appunto, e ch'ella fusse non solamente per torgli il credito, come bene spesso avviene a mercatanti, ma fusse per poterne nascere la sua rovina; e per così fatte cagioni cominciò ad ingerirsi e voler vedere i disegni. Alli quali poichè egl'hebbe veduti e considerati, oltre a molt'altre spese v'aggiunse anco quella de'bozzi di fuori. Filippo quanto più si vedeva incitare, tanto maggiormente sembianza faceva d'iritarsi, e per niente diceva di voler fare i bozzi, per non esser cosa civile e di troppa spesa, e che murava per utile e non per pompa, disegnando di fare sotto la casa molte botteghe per entrate de'suoi figliuoli: il che arditamente gl'era contradetto, mostrando di quanta bruttezza, servitù et incommodo ciò saria alli abitatori. Filippo si contraponeva pure con qualche rispetto, dolendosi talvolta con gl'amici che entrava in una impresa che Dio volesse che il fine fusse buono, e che vorria più non haver mai ragionato, che trovarsi in tal laberinto. E così quanto più mostrava sfuggire la spesa per non scuoprire la grandezza dell'animo suo e le sue facultà, tanto più era spinto e confortato a farla. E con questa sagacità et industria condusse quello, che altrimenti o gli saria stato negato, o non poco gl'haveria nuociuto. E si tenne per certo quasi per ogn'huomo che sì gran macchina, prima che egli fine le desse, alle sustanze sue fine darebbe. Et egli si pensava condurla a perfezione con li utili che faceva ogn'anno, senza diminuire la massa o i capitelli. Il che gli sarebbe riuscito, se la morte, che spesso le magnifiche et alte imprese impedisce, interrotto non l'havesse. Hebbe la fabbrica principio nell'anno 1491. E veramente se la magnificenza si conosce e dimostra nell'onorate e gloriose imprese, e spezialmente nelle fabbriche de'pubblici e privati edifizi, si può dire che Filippo non solo magnificamente operasse, ma superasse la magnificenza d'ogn'altro fiorentino, considerato quello non solo che di tal machina si vede, ma ancora quello che a'riguardanti non apparisce. Perchè volendo Filippo edificare nel più commodo e più bel sito della città, nel mezzo degl'altri suoi Strozzi, gli convenne comprar molte case da diverse persone qualificate, infra le quali fu quella del Conte di Poppi, il che conseguì con difficultà e spesa non piccola, havendo a contentare i venditori più secondo la voglia loro, che secondo il dovere del prezzo; il quale fu tale che sanza dubbio in molti altri luoghi di Firenze si saria fatto un simile edifizio, in modo che poco meno spese in rovinare le case per lo sito, che in edificare. Et oltre al palazzo tanto mirabile e sontuoso, che un gran principe, e non privata persona dimostra esserne stato fondatore, edificò su la medesima piazza degli Strozzi la casa che gl'è più propinqua, e vicino a Malmantile la chiesa di Lecceto, e donolla con entrata a'frati Osservanti di S. Marco, dove possono habitare gran numero di frati, e nel munistero delle selve della regola Carmelitana due ricche cappelle, che dividono la chiesa per mezzo; similmente un'altra cappella in firenze in S. M. Novella, la quale fece poi dipingere da filippo di fra filippo, homo come per molte altre cose, et quella massime, appare nella pittura eccellente, dove sono l'ossa sue in un sepolcro di paragone; e molte altre cose fece fare in benefizio et ornamento di detta chiesa. Edificò ancora un oratorio alla villa sua del Santuccio, e dotollo, e così restaurò quel di Montemorello, et in Firenze la facciata di Sta. Maria Ughi. Fabbricò la villa del Maglio, del Santuccio e di Capalle; abitazioni tutte secondo i luoghi onorate. Le case de'lavoratori restaurò parte, parte rifece da fondamenti megliori molto che al grado de'contadini, e all'entrate delle possessioni non si conveniva. E se più longa vita il cielo gl'havesse conceduto, haveva in animo di fare molt'altre spese, e spezialmente la facciata di S. Trinita, e allargare le strade del palazzo con aggiungervi e farvi un bellissimo giardino.

Fu di statura e di bellezza Filippo più che mediocre, e ben complessionato, atto a patire caldo e freddo e facilmente fame e sete. Amorevole in modo che se tra i consorti o parenti o amici suoi nasceva discordia alcuna, il che bene spesso per essere huomini assai avveniva, tutti a lui, come a capo, ricorrevano, et egli sempre d'accordo gli metteva, supplendo tal hora oltre alla fatica, secondo chel bisogno vedeva, per facilitare tali concordie col suo proprio. Visitava qualunque amico o parente nelle loro maggiori avversità e malattie, confortandogli e aiutandogli di tutto quello, che più era lo necessario, talchè molto più che alcuno altro conforto e medicina a queste tali persone giovò. Pare adunque che Filippo fusse dalla natura prodotto non meno per dispensare virtuosamente le facultà, che per aquistarle. E chi vuole più chiaro vedere di quanta religione et intelligenza egli fusse, legga il testamento et ultima volontà sua, per la quale ancora appare l'ardente suo desiderio, gravando e stringendo con molti oblighi e pregiudizii i figliuoli a mandare ad effetto la volontà sua, come fusse stato conscio della mente d'alcuno di loro, che non volle mai eseguir cosa, che egli lasciasse. E se bene nel palazzo, opera sì degna et egregia, qualche cosa spese, lo fè forzatamente; e però a lui si ha da imputare, che ancora quell'opera sia imperfetta. Morì in firenze l'anno 1491, il giorno XI di maggio, di male acuto, essendo d'età d'anni 65.«

## Deutsche Übersetzung:[7]

»Filippo, der begieriger nach Ansehen als nach Dingen war und keine größere und sicherere Möglichkeit hatte, von sich ein Andenken zu hinterlassen – er hatte von Natur aus die Neigung, zu bauen und verstand nicht wenig davon –, nahm sich vor, nachdem er sich ausgiebig um seine Nachfolge gekümmert hatte, ein Gebäude zu errichten, das sich und den Seinen in Italien und darüber hinaus einen Namen verleihen würde. Aber es blieb ihm eine nicht geringe Schwierigkeit: Weil der, der regierte, fürchten könnte, der Ruhm eines anderen würde den seinen verdunkeln, sorgte er sich, etwas hervorzubringen, was

7 Eine ältere deutsche Übersetzung existiert nicht. Die Übersetzung – für die ich wie beim folgenden Text Anja Brug (Berlin) zu großem Dank verpflichtet bin – bemüht sich, so wörtlich wie möglich und so lesbar wie nötig zu sein.

Neid gegen ihn erzeugen würde. Deshalb begann er, das Gerücht zu verbreiten, daß er so viele Kinder und eine solch kleine Behausung hätte, daß er, zumal er sie gezeugt hatte, auch darüber nachdenken müßte, wo sie wohnen könnten, und daß er dies viel besser noch zu seinen Lebzeiten würde machen können als nach seinem Tode. Daher begann er, zunächst lange mit den Maurern und dann mit den Architekten zu verhandeln und bekundete seinen Bedarf zu wohnen. Und manchmal gab er vor, sofort beginnen zu wollen, und ein anderes Mal, unentschlossen zu sein, und daß es ihn schmerzen würde, in kurzer Zeit auszugeben, was er in vielen Jahren und mit viel Mühe und Fleiß verdient hatte, wobei er listig jedem seine Absicht und sein Ziel verheimlichte, nur um sie besser voranzutreiben; so sagte er immer, daß ihm eine bequeme und städtische, zweckmäßige und nicht prächtige Wohnung ausreichen würde. Aber die Maurer und Architekten vergrößerten, wie es ihre Gewohnheit war, jeden seiner Pläne, was für Filippo willkommen war, auch wenn er das Gegenteil zu erkennen gab und sagte, daß sie ihn zu etwas zwangen, was er nicht tun wollte und konnte. Hinzu kam, daß der, der regierte, wollte, daß die Stadt durch jede Art von Schmuck erhoben würde, weil es ihm schien, als müßte, so wie Gut und Böse von ihm abhingen, auch das Schöne und das Häßliche ihm zugeschrieben werden; er befand, daß ein so großes und so aufwendiges Unterfangen kontrolliert werden könnte und deswegen nicht erscheinen dürfte, und daß es nicht nur dazu führen würde, ihm das öffentliche Ansehen zu nehmen, wie es den Kaufleuten recht oft passiert, sondern daß es auch seinen Ruin auslösen könnte; und aus diesen Gründen begann er, sich einzumischen und die Pläne sehen zu wollen. Nachdem er sie gesehen und begutachtet hatte, fügte er neben vielen anderen Ausgaben noch jene der äußeren Bossen hinzu. Je mehr sich Filippo angetrieben sah, um so mehr gab er vor, sich zu ärgern, und sagte, daß er die Bossen überhaupt nicht machen wollte, zumal es keine gesittete Sache und zu kostspielig wäre, und daß er für den Nutzen und nicht für den Pomp mauern würde, wobei er plante, unten im Haus viele Geschäfte für die Einkünfte seiner Kinder einzurichten. Daraufhin wurde ihm kühn widersprochen und gezeigt, wieviel Häßlichkeit, Mißlichkeiten und Störung dies für die Bewohner bedeuten würde. Filippo wehrte sich sogar in mancher Hinsicht und beklagte sich manchmal bei seinen Freunden, daß er eine Unternehmung begonnen hätte, die nur mit Gottes Hilfe zu einem guten Ende kommen könnte, und von der er mehr wünschte, nie darüber nachgedacht zu haben, als sich in einem solchen Labyrinth wiederzufinden. Und je mehr er vorgab, die Kosten zu scheuen, um nicht die Größe seines Vorhabens und seiner Mittel aufzudecken, um so mehr war er angespornt und ermutigt, sie zu tätigen. Und mit diesem Scharfsinn und dieser Hartnäckigkeit führte er aus, was ihm ansonsten entweder verwehrt worden wäre oder ihm nicht wenig geschadet hätte. Und fast jedermann war sich sicher, daß ein solch großes Gebäude, noch bevor er es zu Ende gebracht hätte, all seinem Vermögen ein Ende bereitet hätte. Und er hingegen wollte es mit dem Verdienst zu Ende führen, den er jedes Jahr machte, ohne den Bestand oder das Kapital zu verringern. Das wäre ihm auch gelungen, wenn der Tod, der oft die herrlichen und großen Unternehmungen verhindert, es nicht unterbrochen hätte. Der Bau wurde im Jahre 1491 begonnen. Und wenn man in den angesehenen und ruhmreichen Unternehmungen und speziell in dem Bau von öffentlichen und privaten Gebäuden wirklich die Pracht erkennt und sie sich darin zeigt, kann man sagen, daß Filippo nicht nur Großartiges bewirkte, sondern auch die Pracht jedes anderen Florentiners übertraf, wobei nicht nur das beachtet werden muß, was man an solch einem Bauwerk sehen kann, sondern auch das, was den Betrachtern verborgen erscheint. Weil Filippo am angenehmsten und schönsten Ort der Stadt bauen wollte, inmitten seiner anderen Strozzi, mußte er viele Häuser von verschiedenen passenden Personen kaufen, darunter auch jenes des Conte di Poppi, das er mit Schwierigkeiten und nicht geringen Ausgaben erlangen konnte, da er die Verkäufer mehr nach ihrem Willen, als nach der Angemessenheit des Preises zufriedenzustellen hatte; es war so, daß man ohne Zweifel ein ähnliches

Gebäude an vielen anderen Stellen in Florenz hätte machen können, in der Weise, daß er nur etwas weniger für den Abriß der Häuser für den Standort ausgegeben hätte, als für den Bau. Und neben dem so bewundernswerten und prächtigen Palazzo, von dem ein großer Fürst und nicht eine Privatperson der Gründer gewesen zu sein scheint, erbaute er auf dem gleichen Platz der Strozzi das Haus, das jenem am nächsten war, und in der Nähe von Malmantile die Kirche von Lecceto, und schenkte sie mit den Einkünften den Ordensbrüdern der Observanten von San Marco, wo eine große Zahl der Klosterbrüder wohnen konnte, und im Waldkloster des Karmeliterordens zwei reiche Kapellen, die die Kirche in der Mitte teilen; ebenso eine andere Kapelle in Florenz in Santa Maria Novella, die er dann von filippo di fra filippo ausmalen ließ, ein Mann, der für viele andere Werke, und besonders für jenes, wo seine Gebeine in einem Grab aus schwarzem Jaspis sind, sich in der Malerei als herausragend erweist; und viele andere Dinge ließ er als Wohltat und Schmuck für besagte Kirche machen. Er erbaute noch ein Oratorium in seiner Villa von Santuccio und stattete es aus, und ebenso restaurierte er jenes von Montemorello und in Florenz die Fassade von Santa Maria Ughi. Er erbaute die Villen del Maglio, del Santuccio und di Capalle; alle diese Wohnungen waren den Orten entsprechend angesehen. Die Häuser der Arbeiter restaurierte er zum Teil, zum Teil baute er sie von den Fundamenten an und viel besser als dem Rang eines Bauern entsprechend; und über die Einkünfte der Ländereien wurde keine Vereinbarung getroffen. Und er beabsichtigte, noch viele weitere Ausgaben zu tätigen, wenn der Himmel ihm ein längeres Leben zugestanden hätte und besonders für die Fassade von Santa Trinità; und die Straßen des Palazzo durch Anfügung zu verbreitern und einen sehr schönen Garten dort anzulegen.

Filippo war von mehr als mittelmäßiger Statur und Schönheit, und von guter Hautfarbe, fähig, Hitze und Kälte und mit Leichtigkeit Hunger und Durst zu ertragen. Er war so liebenswürdig, daß – wenn zwischen Eheleuten oder seinen Verwandten oder Freunden irgendeine Zwietracht entstand, was ziemlich oft passierte, da sie nun einmal Menschen waren – sich alle an ihn als Familienoberhaupt wandten, und er immer Eintracht herstellte, wobei er manchmal mit viel Mühe Abhilfe schuf, je nachdem, welchen Bedarf er sah, die Eintracht unter den Seinen zu erleichtern. Er besuchte jeglichen Freund oder Verwandten in ihrem schlimmsten Mißgeschick und bei Krankheiten, spendete ihnen Trost und half ihnen mit allem, was am notwendigsten war, so daß er viel mehr als jeglicher andere Trost oder Medizin diesen Personen nützte. Es scheint also, daß Filippo von Natur aus nicht weniger dafür gemacht gewesen wäre, seine Mittel im Dienst der Tugend zu verteilen, als sie zu erwerben. Und wer noch deutlicher sehen will, wie groß sein Glaube und sein Verstand waren, der lese das Testament und seinen letzten Willen, in dem noch sein glühender Wunsch erscheint, wonach er seine Kinder mit vielen Pflichten und Nachteilen belastet und zwingt, seinen Willen auszuführen, wie wenn er sich der Gedanken eines jeden von ihnen bewußt gewesen wäre, welcher niemals das ausführen wollte, was er hinterlassen hat. Und auch wenn er im Palazzo, einem so würdigen und vorzüglichen Werk, etwas ausgab, tat er es gezwungenermaßen; und so ist es ihm zuzuschreiben, daß jenes Werk noch unvollendet ist. Er starb am 11. Mai des Jahres 1491 in Florenz, an einem akuten Leiden im Alter von 65 Jahren.«

## Dokument II: Das Testament Filippo Strozzis[8]

»Item per ragione di prelegato et per ogni miglior ragione, modo – lascio et lego agli infrascripti miei figlioli et heredi et alor discendenti maschi per linea masculina in infinito per ordine successivo la mia chasa nuova grande, che per me si fa murare et hedificare tral corso degli Strozzi et la via de'ferravecchi et al canto de'tornaquinci et la via larga di sca. trinita di firenze per servire a due habitationi, con gli incarichi, oblighi, limitationi et qualità che disotto si diranno. Et voglio et gravo detti miei heredi, che non essendo ella al tempo di mia morte fornita di murare drento et fuori secondo el disegno et modello d'epsa, et in modo che in amendue le habitationi si possa habitare, epsi miei heredi la faccino di tutto finire, et però vi faccino continuamente lavorare con cinquanta persone almeno, tra maestri di murare et manovali et scarpellini, in modo et tanto che sanza intermissione di tempo ella di tutto si finisca et finita sia almeno per tutto lanno millequattrocento novantasei, cioè 1496. Et per detto effetto da hora io diputo sopra di ciò filippo di lorenzo di messer andrea buondelmonti per sollecitatore depsa et comandatore et sopra tutti gli altri, con salario di fiorini cinquanta larghi lanno del tempo che lui se exerciterà in dicta muraglia, non passando però el detto salario detto anno 1496. El quale salario – gli lascio et voglio che gli sia dato di tempo in tempo per gli miei heredi etc.

Et al caso che a detto tenpo, cioè per tutto detto anno 1496, ella non fusse finita chome di sopra, lascio la cura di farla finire fra glinfrascripti anni due dopo el 1496, al Magnifico Lorenzo de' Medici, sopravivendo lui et volendo detta cura, con tutta l'autorità che si dà di

8 Auch das Testament hat – wie so viele andere zentrale Quellentexte des 14. bis 16. Jahrhunderts – Giovanni Gaye ediert (1839, Bd. 1, S. 359–365). Vgl. zu Gaye jetzt Irene Hueck, Archivforschungen zu einer Geschichte der italienischen Kunst: Carl Friedrich von Rumohr, Johannes Gaye, Karl Frey, in: Storia dell'arte e politica culturale intorno al 1900. La fondazione dell'Istituto Germanico di Storia dell'Arte di Firenze, hg. von Max Seidel, Venedig 1999, S. 119–129.

sotto a'consoli et operai et arroti infrascripti; et al caso che lui non sopravivesse, o non volesse tale cura, allora et in detto caso lascio detta cura di farla finire a'consoli dell'arte de'mercatanti di chalimala, che pe'tempi saranno, insieme cogli due proveditori dello spedale di messer bonifatio pe'tenpi presidenti, et con due de'principali di casa gli Strozzi, che per lor partito saranno giudichati a tale opera più acti. […] Et dispongo et voglio che dicta mia chasa rimanga et sia a miei et de'miei figluoli et discendenti maschi legitimi et naturali, heredi per me instituti – et successive a tutti et di tutti gli miei et lor discendenti maschi per linea masculina legitima et naturale in infinito, intendendo – che a Alfonso, mio figluolo maggiore, – tocchi quella parte et metà di dicta chasa che risponderà nella via larga di sancta trinita et al canto de'tornaquinci, et l'altra metà et parte depsa che risponde nel corso degli Strozzi tocchi agli altri miei figliuoli cioè a Lorenzo e a Giovanbatista, nati di me et della selvaggia, mia donna etc etc. Perchè io intendo et voglio che decta mia casa sia per ogni futuro tempo in perpetuo habitata da dicti Strozzi, et rimanga nella famiglia degli Strozzi etc.«

## Deutsche Übersetzung:

»Als Vermächtnis und aufgrund jedes besseren Anstoßes – hinterlasse und vermache ich meinen unten aufgeführten Söhnen und Erben und ihren männlichen Nachkommen der männlichen Linie auf ewig in der Erbfolge mein neues großes Haus, dass ich zwischen dem corso degli Strozzi und der via de'ferravecchi und an der Ecke der [via de'] tornaquinci und der via larga di sca. trinità in Florenz mauern und bauen lasse, damit es als zwei Wohnungen diene, zusammen mit den Auflagen, Pflichten, Einschränkungen und Eigenschaften, die unten genannt werden. Und ich will und verpflichte meine besagten Erben, daß, wenn zum Zeitpunkt meines Todes seine Innen- und Außenmauern nicht der Zeichnung und dem Entwurf entsprechend vollendet sind und nicht in der Weise fertiggestellt sind, daß man in beiden Wohnungen wohnen kann, diese meine Erben es vollkommen fertigstellen lassen, und dort daher kontinuierlich mindestens fünfzig Personen, von Maurermeistern über Handlanger und Steinmetze, in der Weise und so viel arbeiten lassen, daß es ohne Unterbrechung ganz fertiggestellt wird und wenigstens im Laufe des Jahres vierzehnhundertsechsundneunzig, das heißt 1496, beendet sein wird. Und um dies zu erreichen, ernenne ich filippo di lorenzo di messer andrea buondelmonti zu dessen Vollstrecker und Befehlshaber und über alle anderen, mit einem Arbeitslohn von fünfzig *fiorini larghi* pro Jahr über den Zeitraum, während dem er an besagten Mauern arbeitet, wobei er dieses Gehalt aber nicht über jenes Jahr 1496 hinaus erhält. Dieses Gehalt – lasse ich ihm und will, daß es ihm von Zeit zu Zeit von meinen Erben gegeben wird [...]

Und im Falle, daß es in dieser Zeit, das heißt innerhalb des ganzen besagten Jahres 1496, nicht entsprechend obiger Beschreibung vollendet würde, überlasse ich die Aufgabe, es innerhalb von zwei Jahren nach 1496 zu vollenden, unter den anderen Aufgeführten dem Magnifico Lorenzo de'Medici, falls er dann noch lebt und diese besagte Aufgabe möchte, mit all den Befugnissen, die unter den unten aufgeführten *consoli* und den Arbeitern und *arroti* verliehen werden; und im Falle, daß er nicht mehr lebt oder eine solche Aufgabe nicht möchte, dann und in diesem Falle überlasse ich besagte Fürsorge, es zu vollenden, den *consoli de' mercatanti* der *chalimala,* die zusammen mit den beiden Verwaltern des Hospitals und messer bonifatio zeitweise Vorsitzende werden, und mit zwei Oberhäuptern aus dem Hause der Strozzi, die nach dem Entschluß [der *consoli* und der Verwalter] als für diese Aufgabe am geeignetsten beurteilt werden.

[...] Und ich verfüge und will, daß mein besagtes Haus den meinen und meinen Kindern und den legitimen und natürlichen männlichen Nachfahren, den von mir eingesetzten Erben bleibe und gehöre – und nachfolgend allen meiner und allen ihrer männlichen Nachkommen der legitimen und natürlichen männlichen Linie auf ewig. Damit

meine ich, – daß Alfonso, meinem ältesten Sohn, – jener Teil und die Hälfte dieses Hauses zufalle, die zur via larga di sancta trinità und zur Ecke [der via] de'tornaquinci weist, und die andere Hälfte und Teil des Hauses, der auf den corso degli Strozzi geht, meinen anderen Söhnen, das heißt Lorenzo und Giovanbatista zufalle, die von mir und selvaggia, meiner Frau, geboren sind.
[...] Denn ich meine und will, daß dieses mein besagtes Haus für jede zukünftige Zeit fortwährend von genau diesen Strozzi bewohnt sei, und in der Familie der Strozzi bleibe [...]«

## **Dokument III: Das Tagebuch Luca Landuccis**[9]

»E a dì 10 di luglio 1489, si cominciò a recare ghiaia, per fare e fondamenti del palagio di Filippo Strozzi a lato al Canto de'Tornaquinci, che si cominciò prima da questa parte de'Tornaquinci. E a dì 16 detto, si cominciò a cavare e fondamenti, pure da questa parte, e presono della Piazza circa braccia 10.
E a dì 6 d'agosto 1489, si cominciò a rienpire e fondamenti, a ore 10, a punti di luna. E Filippo Strozzi fu el primo che vi cominciò a gittare giù la ghiaia e la calcina, da questa parte, e certe medaglie.
E a dì 20 detto, fu fornito di rienpiere questa parte della Piazza de'Tornaquinci. E tuttavolta si disfacevano le case, con grande numero di maestri e di manovali; ch'erano occupate tutte le vie intorno di montagne di sassi e di calcinacci e di muli, d'asini che portavano via e recavano ghiaia; per modo che con difficultà di chi passava per queste vie. E noialtri artefici stavamo continuamente nella polvere e nella noia della giente che si fermava per vedere, e chi per non potere passare colle bestie cariche.
E a dì 21 di luglio 1489, si cominciò a murare sopra detti fondamenti.
E in questi tenpi si faceva tutte queste muraglie: l'Osservanza di Samminiato de' Frati di San Francesco; la sacrestia di Santo Spirito; la casa di Giuliano Gondi, e la chiesa de' Frati di Santo Agostino fuori della Porta a San Gallo. E Lorenzo de' Medici cominciò un palagio al Poggio a Caiano, al luogo suo, dove à ordinato tante belle cose, le Cascine. Cose da signori! E a Serezzana si murava una fortezza; e molte altre case si murava per Firenze, per quella Via che va a Santa Caterina, e verso la Porta a Pinti, e la Via nuova da' Servi a Cestello, e dalla Porta a Faenza verso San Barnaba, e in verso Sant' Ambrogio, e in molti luoghi per Firenze. Erano gli uomini in questo tenpo atarentati al murare, per modo che c'era carestia di maestri e di materia.

9 Die Wiedergabe des Baufortgangs des Palazzo Strozzi im Tagebuch ist ein zentraler Quellentext (Landucci, ed. del Badia, S. 57ff.).

E a dì 18 di maggio 1490, si puose al palagio degli Strozzi la prima cornice sotto e bozzi, in sul Canto de'Tornaquinci; che senpre si faceva qui innanzi a gli altri canti.

E a dì 11 di giugno 1490, si puose el primo bozzo al detto palagio.

[…] E a dì 15 di maggio 1491, morì questo Filippo Strozzi che murava el detto palazzo; e non vide andato su insino alla lumiera. Vide fatto insino alle canpanelle. Ben puoi vedere che cosa sono le speranze di queste cose transitorie. E' pare che l'uomo ne sia signore, egli è l'oposito, loro sono signore di noi. Durerà questo palazzo quasi in eterno: guarda se questo palazzo à signoreggiato lui, e di quanti ancora sarà signore. Siàno dispensatori e non signori, quanto piace alla bontà di Dio. Ogni cosa è posto nella volontà di Dio e a decoro del suo universo. Onde io pregio Iddio che gli abbi perdonato e sua peccati.

[…] E a dì primo d'aprile 1492, si cominciò a porre el davanzale al palagio […] E a dì detto [18. Juli 1495], fu finito el primo finestrato del palagio di Strozzi […] E a dì 18 di maggio 1498, fu finito el secondo finestrato di Filippo Strozzi […] E in questi dì [Juli 1500] si fornì di porre le mensole del cornicione del Palagio delli Strozzi, cioè la metà del Palagio, di verso Mercato vecchio […] E a dì 15 di settenbre 1500, fu finito di porre el cornicione del palagio degli Strozzi della metà del palagio verso Mercato […] E a dì 16 di giugno 1504, fu finito questo palagio degli Strozzi, questa mezza parte; e menovvi moglie dentro Lorenzo di Filippo Strozzi, e fece molte belle nozze e begli apparati.«

## Deutsche Übersetzung:[10]

»Und am 10. Juli 1489 fing man Sand zu führen an, um die Fundamente für den Palast des Filippo Strozzi neben dem Canto de'Tornaquinci zu legen: den man zuerst an dieser Seite der Tornaquinci

10 Die Übersetzung nach Herzfeld (S. 87ff.). Sie erschien in der von ihr bei Eugen

begann. Und am 16. des besagten begann man den Grund auszugraben, auch auf dieser Seite, und sie nahmen von der Piazza [dei Tornaquinci] etwa zehn Ellen dazu.
Und am 6. August 1489 begann man, den Grund wieder aufzufüllen, um 10 Uhr, nach und nach. Und Filippo Strozzi war der erste, der Sand und Kalk hineinzuwerfen anfing, auf dieser Seite, und gewisse Medaillen.
Und am 20. des genannten [Monats] war man fertig mit dem Auffüllen dieses Teils der Piazza de'Tornaquinci. Und immerfort riß man noch die Häuser nieder, mit großer Zahl von Meistern und Handlangern, so daß alle Straßen ringsum von Bergen von Steinen und Kalkschutt eingenommen waren, und von Maultieren, Eseln, die wegtrugen und die Sand herbeibrachten, so daß man mit Schwierigkeiten hier vorüberkam. Und wir anderen Gewerbsleute standen immerfort im Staub und in der Belästigung der Leute, die hier anhielten, um zuzusehen und mancher, weil er mit den beladenen Tieren nicht vorwärts konnte.
Und am 21. Juli 1489 begann man, auf besagten Fundamenten zu mauern.
Und in diesen Zeiten machte man alle diese Maurereien: die Osservanza von San Miniato der Franziskanerbrüder, die Sakristei von Santo Spirito, das Haus des Giuliano Gondi, und die Augustinerkirche draußen vor der Porta a San Gallo. Und Lorenzo de'Medici begann einen Palast in Poggio a Caiano, auf seiner Besitzung, wo er so viele schöne Dinge hat, die Cascinen. Wahre Sachen für große Herren!
Und in Serrazana baute man eine Festung; und viele andere Häuser baute man in Florenz, in jener Straße, die nach Santa Caterina geht, und gegen die Porta a Pinti zu, und in der via nuova bei den Servi a Castello und bei der Porta a Faenza gegen San Barnabà und um

---

Diederichs herausgegebenen Reihe »Das Zeitalter der Renaissance. Ausgewählte Quellen« (vgl. dazu jetzt Irmgard Heidler, Der Verleger Eugen Diedrichs und seine Welt 1896–1930, Wiesbaden 1998, S. 235f.).

Sant'Ambrogio und an vielen Stellen in ganz Florenz. Es waren die Menschen in jener Zeit ganz erpicht aufs Bauen, so daß man Not litt an Meistern und an Material.
Und am 18. Mai 1490 setzte man am Palast der Strozzi das erste Gesimse unter den Kragsteinen, am Canto de'Tornaquinci; denn immer machte man hier alles früher als auf den anderen Seiten. Und am 2. Juni 1490 errichtete man den ersten Querbalken und den Kran, um die Steine hinaufzuziehen, gleichfalls hier am Canto.
Und am 11. Juni 1490 legte man den ersten Kragstein an genanntem Palaste.
[…] Und am 14. Mai 1491 starb dieser Filippo Strozzi, der den besagten Palast baute, und er sah ihn nicht bis zur Laterne hinauf fertig. Er sah ihn nur bis zu den Ringen kommen. Da kannst Du gut sehen, was für eine Sache die Hoffnungen dieser vorübergehenden Dinge sind. Es scheint, als wäre der Mensch Herr über sie; es ist das Gegenteil; sie sind unsere Herren. Es wird dieser Palast fast ewig dauern; sieh zu, ob dieser Palast nicht ihn beherrscht hat und über wie viele er noch Herr werden soll. Wir sind Verwalter und nicht Herren, solang als es der Güte Gottes gefällt. Jedes Ding ruht im Willen Gottes und ist zur Zierde seiner Welt. Daher bitte ich Gott, dass er seine Sünden ihm möge verziehen haben.
[…] Und am 1. April 1492 begann man die Fensterbrüstung des Palastes zu legen […] Und am genannten Tag [18. Juli 1495] wurde die erste Fensterreihe des Palastes der Strozzi fertig […] Und am 18. Mai 1498 wurde die zweite Fensterreihe des Filippo Strozzi fertig […] Und in diesen Tagen [Juli 1500] wurde man damit fertig, die Kragsteine am Hauptgesimse des Palastes der Strozzi zu setzen, nämlich an der Hälfte des Palastes gegen den Mercato vecchio zu […] Und am 15. September 1500 wurde man mit dem Kranzgesims des Palastes der Strozzi an der Hälfte des Palastes gegen den Mercato zu fertig […] Und am 16. Juni 1504 wurde der Palast der Strozzi fertig, jene halbe Seite; und es führte Lorenzo di Filippo Strozzi seine Gattin hinein, und machte sehr schöne Hochzeit und schöne Ausschmückungen.«

## Dokument IV: Die Vita Cronacas von Giorgio Vasari[11]

»Era allora in Fiorenza quel Filippo Strozzi, che oggi a differenza del figliuolo si chiama il vecchio; il quale per le sue ricchezze desiderava lassare di sè alla patria ed a'figliuoli, tra le altre, memoria di un bel palazzo. Per la qual cosa Benedetto da Maiano, chiamato a questo effetto da lui, gli fece un modello isolato intorno intorno, che poi si mise in opera, ma non interamente, come si dirà di sotto, non volendo alcuni vicini fargli commodità de le case loro. Onde cominciò il palazzo in quel modo che potè, e condusse il guscio di fuori avanti la morte di esso Filippo presso che alla fine; il quale guscio è d'ordine rustico e graduato, come si vede: perciocchè la parte de'bozzi dal primo finestrato in giù, insieme con le porte, è rustica grandemente; e la parte che è dal primo finestrato al secondo, è meno rustica assai. Ora accadde che partendosi Benedetto da Fiorenza, tornò appunto il Cronaca da Roma; onde essendo messo per le mani a Filippo, gli piacque tanto per il modello che gli fece del cortile e del cornicione che va di fuori intorno al palazzo, che conosciuta l'eccellenza di quell'ingegno, volle che poi il tutto passasse per le sue mani, servendosi sempre poi di lui. Fecevi dunque il Cronaca, oltra la bellezza di fuori con ordine toscano, in cima una cornice corintia molto magnifica, che è per fine del tetto; della quale la metà al presente si vede finita con tanta singolar grazia, che non vi si può apporre nè si può più bella disiderare. Questa cornice fu ritratta dal Cronaca e tolta e misurata a punto in Roma da una antica che si truova a Spogliacristo; la quale fra molte che ne sono in quella città è tenuta bellissima. Bene è vero ch'ella fu dal Cronaca ringrandita a proporzione del palazzo, acciò facesse proporzionato fine, ed anche col suo aggetto, tetto a quel palazzo; e così l'ingegno del Cronaca seppe servirsi delle cose d'altri e farle quasi diventar sue: il che non riesce a molti; perchè il fatto sta non in aver solamente ritratti e disegni di cose belle, ma in saperle accommodare secondo

11 Vasari, ed. Milanesi, Bd. 4, S. 443–447.

che è quello a che hanno a servire, con grazia, misura, proporzione e convenienza. Ma quanto fu e sarà sempre lodata questa cornice del Cronaca, tanto fu biasimata quella che fece nella medesima città al palazzo de'Bartolini Baccio d'Agnolo, il quale pose sopra una facciata piccola e gentile di membra, per imitare il Cronaca, una gran cornice antica misurata a punto dal frontespizio di Montecavallo; ma tornò tanto male per non avere saputo con giudizio accomodarla, che non potrebbe star peggio, e pare sopra un capo piccino una gran berretta. Non basta agli artefici, come molti dicono, fatto ch'egli hanno l'opere, scusarsi con dire: Elle sono misurate a punto dall'antico e sono cavate da buoni maestri; attesochè il buon giudizio e l'occhio più giuoca in tutte le cose, che non fa la misura delle seste. Il Cronaca dunque condusse la detta cornice, con grande arte, insino al mezzo intorno intorno a quel palazzo col dentello e vovolo, e da due bande la finì tutta, contrapesando le pietre in modo, perchè venissino bilicate e legate, che non si può veder cosa murata meglio nè condotta con più diligenza a perfezione. Così anche tutte l'altre pietre di questo palazzo sono tanto finite e ben commesse, ch'elle paiono non murate, ma tutte d'un pezzo. E perchè ogni cosa corrispondesse, fece fare per ornamento del detto palazzo ferri bellissimi per tutto, e le lumiere che sono in su'canti; e tutti furono da Niccolò Grosso Caparra, fabro fiorentino, con grandissima diligenza lavorate. Vedesi in quelle lumiere maravigliose le cornici, le colonne, i capitegli e le mensole saldate di ferro con meraviglioso magistero: nè mai ha lavorato moderno alcuno di ferro machine sì grandi e sì difficili con tanta scienza e pratica [...]

Ho di costui voluto fare questa memoria, perchè in vero nell'esercizio suo fu singolare: e non mai avuto nè averà pari; come si può particolarmente vedere ne'ferri e nelle bellissime lumiere di questo palazzo degli Strozzi: il quale fu condotto a fine dal Cronaca e adornato d'un richissimo cortile d'ordine corintio e dorico, con ornamenti di colonne, capitelli, cornici, fenestre e porte bellissime. E se a qualcuno paresse che il di dentro di questo palazzo non corrispondesse al di fuori, sappia che la colpa non è del Cronaca, perciocchè fu forzato accommodarsi dentro al guscio principiato da altri, e seguitare in gran parte quello che da altri era stato messo inanzi; e non fu poco che lo riducesse a tanta bellezza, quanta è quella che vi si vede. Il medesimo si risponde a coloro che dicessino, che la salita delle scale non è dolce nè di giusta misura, ma troppo erta e repente; e così anco a chi dicesse, che le stanze e gli altri apartamenti di dentro non corrispondessino, come si è detto, alla grandezza e magnificenza di fuori. Ma non perciò sarà mai tenuto questo palazzo, se non veramente magnifico e pari a qual si voglia privata fabrica che sia stata in Italia a'nostri tempi edificata; onde meritò e merita il Cronaca, per questa opera, infinita comendazione.«

## Deutsche Übersetzung:[12]

»In Florenz lebte damals Filippo Strozzi, jetzt zur Unterscheidung von seinem Sohn der Alte genannt; dieser besaß große Reichtümer und wünschte, seiner Vaterstadt und seinen Kindern unter anderen Zeichen des Gedächtnisses auch einen schönen Palast zu hinterlassen. Benedetto von Maiano war deshalb von ihm berufen worden, und verfertigte das Modell zu einem ringsum frei stehenden Gebäude, welches zur Ausführung kam, ob auch nicht ganz, weil einige Nachbarn ihre Häuser nicht hergeben mochten, wie später erzählt werden wird. Benedetto begann den Bau des Palastes in der Weise wie er konnte, und brachte vor dem Tode Filippos die äußere Schale des Gebäudes fast zum Schluß. Diese ist nach rustiker Bauart mit Abstufungen wie jeder sehen kann; denn von sehr erhobener Rustika sind die Bossen von der ersten Fensterreihe abwärts, sammt den Türen, weit weniger erhoben dagegen ist sie vom ersten bis zum zweiten Stockwerk.

12 Vasari, übers. Schorn und Förster, Bd. 3, Teil 1, S. 269–274.

In den Tagen gerade als Benedetto Florenz verließ, fügte sich, daß Cronaca dahin zurückkehrte, man brachte ihn bei Filippo in Vorschlag, und dieser fand großes Wohlgefallen an ihm wegen des Modells, was er ihm verfertigte, zu dem Hof sowohl als zu dem Gesims, rings um den Palast. Er erkannte ihn als einen Mann von seltenem Talent und bestimmte, durch ihn solle Alles geleitet werden, seiner Hilfe allein wolle er sich bedienen. Cronaca im toskanischen Geschmack fortbauend, gab dem Äußeren viele Schönheit und brachte ganz oben als Schluß des Daches ein herrliches korinthisches Gesims an, welches man jetzt zur Hälfte vollendet sieht, und zwar mit einer Anmut, daß nichts mehr dabei hinzuzufügen, nichts mehr zu wünschen bleibt. Es war von dem Meister selbst nach einem antiken Gesims gemessen und gezeichnet, das man am Spogliacristo zu Rom findet, wo er von vielen der daselbst vorhandenen Altertümer als besonders schön gerühmt wird. Cronaca vergrößerte es nach Verhältnis des Palastes, dadurch bildet es einen passenden Schluß, und mit seinem Vorsprung zugleich das Dach des Gebäudes. Man sieht hieraus, wie gut er es verstand, sich der Werke anderer zu bedienen und sie fast zu den seinigen zu machen, eine Sache, die wenigen glückt. Es kommt nicht einzig darauf an, Abbildungen schöner Dinge zu besitzen, man muß auch wissen, sie mit Anmut, Maß und Verhältnis in schickliche Übereinstimmung mit dem zu bringen, wozu man sie gebrauchen will. Aber in eben dem Maße wie Cronaca's Gesims immerdar gerühmt worden ist und noch wird, eben so sehr tadelt man das, welches Baccio d'Agnolo am Palast der Bartolini anbrachte; auf eine kleine Wand mit schwachen Gliedern setzte er um Cronaca nachzuahmen, ein großes antikes Gesims genau nach dem Vorgiebel von Monte Cavallo gemessen. Dies hatte einen sehr schlechten Erfolg, er verstand nicht, es dem Gebäude anzupassen, und es nimmt sich so häßlich aus wie nur möglich, gerade wie ein großes Barett auf einem ganz kleinen Kopf. Es gereicht den Künstlern nicht zur genügenden Entschuldigung, wenn sie bei einem Werke, das sie zu Stande gebracht, sagen: »es ist genau nach dem Altertum gemessen und guten Meistern nachgebildet;« scharfer Blick und richtiges Urteil wirken in allen Dingen mehr als Maß und Zirkel. Cronaca führte das oben genannte Gesims mit Zahnschnitten und Eiern sehr kunstreich um die Hälfte des Palastes, vollendete es von zwei Seiten ganz und gab den Steinen Gegengewichte, wodurch sie auf eine Weise gehalten und verbunden sind, daß nichts besser gemauert, nichts mit mehr Fleiß und Vollkommenheit zu Ende geführt werden kann. Eben so sind alle anderen Steine jenes Palastes so ausgearbeitet und so fest verbunden, daß sie nicht wie aneinander gefugt, sondern wie ein Ganzes erscheinen. Und damit alles übereinstimmte, ließ er zur Zierrat überall schönes Eisenwerk anbringen, welches samt den Laternen an den Ecken von Niccolò Grosso Caparra, einem florentinischen Schmied, gearbeitet wurde. An jenen bewunderungswürdigen Laternen sieht man Gesimse, Säulen, Kapitelle und Platten mit unglaublicher Kunstfertigkeit aneinander gelötet, und zudem noch hat kein neuerer Meister große und schwierige Maschinen mit solcher Vollkommenheit in Eisen ausgeführt [...]

Ich wollte von ihm erzählen, weil er fürwahr in seinem Berufe einzig war, nie darin seines Gleichen gehabt hat noch haben wird. Dies sieht man vornehmlich an dem Eisenwerk und den schönen Laternen des oben genannten Palastes der Strozzi, welchen Cronaca vollendete und mit einem sehr reichen Hof in korinthischem und dorischem Geschmack mit schönen Säulen, Kapitellen, Gesimsen, Fenstern und Türen zierte. Sollte jemand meinen, das Innere dieses Palastes stimme nicht zu dem Äußeren, daß die Schuld hiervon nicht den Cronaca trifft; er mußte sich innerhalb nach der von Anderen begonnenen Schale richten, mußte zum großen Teil dem folgen, was vor ihm geschehen war, und es will viel sagen, daß er ihm seine nunmehrige Schönheit zu geben vermochte. Dieselbe Antwort gilt denen, welche bemerken, die Treppe steige nicht allmählich genug und nicht nach richtigem Verhältnis empor, sondern sei zu zäh, und Zimmer und Gemächer stünden nicht in Übereinstimmung mit der Pracht des Äußeren. Dies hindert nicht, daß jener Palast stets für wahrhaft herrlich gehalten wird, jedem Privatgebäude vergleichbar was zu unserer Zeit in Italien ausgeführt worden ist, und Cronaca verdient deshalb reiches Lob.«

# III Einleitung

Der Bau des Palazzo Strozzi ist ebenso kühn wie aufwendig. Im Jahre 1489 begonnen, verschlang seine Errichtung in der fast fünfzigjährigen Bauzeit den enormen Betrag von 40 000 Goldflorin. Zum Vergleich: Um die Mitte des 15. Jahrhunderts zahlte man für ein Haus im Florentiner Stadtzentrum 12 Florin als Jahresmiete – über 3000 Jahre hätten die Strozzi demnach für die Bausumme einen Palast mieten können.[13] Sie hätte ausgereicht, um über tausend hochqualifizierte Handwerker ein Jahr lang zu bezahlen.[14] Auch in seiner Erscheinung sprengt der Palast die Dimensionen: Er erhebt sich auf einer Grundfläche von circa 54 zu 40 über eine Höhe von 31 Metern.

Auf drei Seiten freistehend und damit drei Ansichtsseiten ausbildend, war der Palast die raumgreifendste profane Bauunternehmung des 15. Jahrhunderts in Florenz und der im Bauvolumen überhaupt mächtigste private Bau in der Arnostadt. Bewegt man sich, vom Dom oder vom Hauptbahnhof kommend, auf den Spuren des volkstümlich *cerchia antica* genannten Mauerringes von 1078 über die Via Rondinelli und die Via Tornabuoni nach Süden zum Arno (Abb. 1), fällt bald der Blick auf einen riesigen, dreistöckigen Kubus, der auf seiner schmalen Seite zur Via Tornabuoni nicht weniger als neun Fensterachsen ausbildet (Abb. 12). Die Via Tornabuoni, an der er gelegen ist, darf zu den prominentesten Straßenzügen in Florenz gezählt werden. Nach der Via Larga, die am Palazzo Medici vorbeiführt, ist sie die breiteste Straße der Stadt. Auf ihr führten mit dem Ziel Dom- und Baptisteriumsvorplatz alljährlich die großen Prozessionen am Johannestag und zu Fronleichnam entlang, in Krisenzeiten bewegten sich auf ihr auch

---

13 Bernd Roeck, Kunstpatronage in der frühen Neuzeit. Studien zu Kunstmarkt, Künstlern und ihren Auftraggebern in Italien und im Heiligen Römischen Reich (15.–17. Jahrhundert), Göttingen 1999, S. 26.

14 Goldthwaite (1972), S. 993. Als Äquivalent für die Summe von 40 000 Goldflorin gibt Goldthwaite 10 Millionen Dollar.

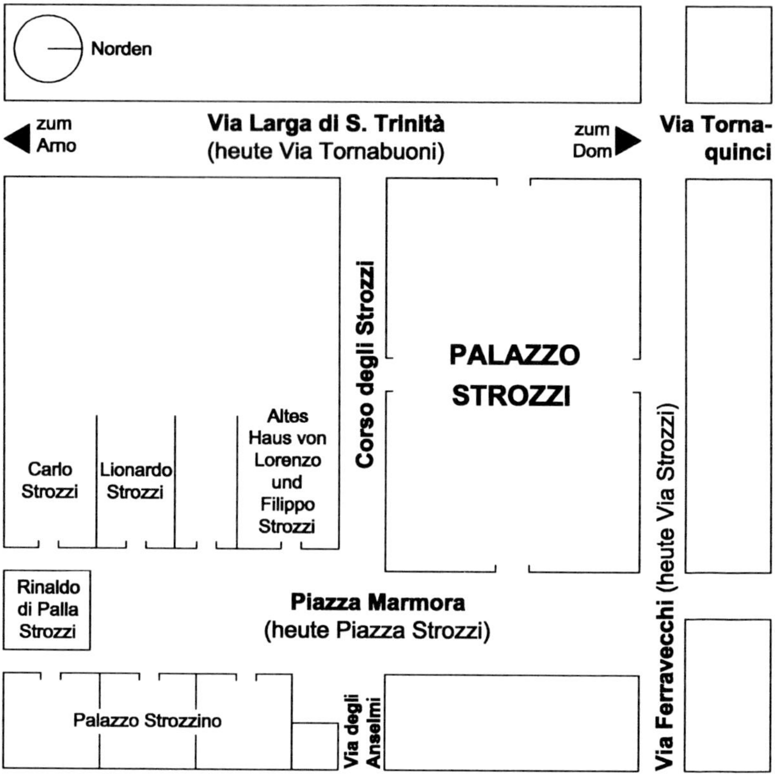


*Abb. 1:* Florenz, Stadtplan der Umgebung des Palazzo Strozzi

die Fürbittprozessionen.[15] Entlang der Kernroute dieser Prozessionen ließen sich zahlreiche Florentiner Patrizier im 15. und 16. Jahrhundert nieder, sie wurde zum bevorzugten Ort für deren Paläste. In unmittelbarer Nachbarschaft des Palazzo Strozzi befinden sich die Stadthäuser der nicht minder bedeutenden Familien der Spini, Antinori und Tornabuoni. Auch diese ziehen durch ihre Lage an der Via

15 Vgl. zu den Prozessionen etwa Richard Trexler, Public Life in Renaissance Florence, Ithaca/London 1980, S. 249ff.

Tornabuoni und ihr künstlerisches Anspruchsniveau die Blicke des Betrachters auf sich. Der Palazzo Strozzi jedoch überragt sie in all dem und darf darüber hinaus auf Grund der großen Nachrichtenfülle ein besonderes Interesse beanspruchen. Im Florenz des 15. Jahrhunderts zählte er neben dem auf der anderen Arnoseite gelegenen Palazzo Pitti und einigen Kirchen sowie dem Turm des Palazzo della Signoria zu den höchsten Gebäuden der Stadt. In seinen Ausmaßen dominiert der Palazzo Strozzi allerdings das gesamte Stadtquartier westlich des Doms bis hin zur Stadtmauer: Auf einer der berühmtesten frühen Ansichten von Florenz, einer Vedute aus der *Cosmographia* des Sebastian Münster (Basel 1541 u. ö.),[16] sticht er deutlich aus dem Häusermeer hervor. Formelhaft wird hier die Stadt definiert durch die Mauer samt ihren Toren, den Fluß mit seinen vier Brücken sowie durch die prominenten Einzelbauten, darunter der Dom und die großen Kirchen. Die Wohngebäude sind in Abbreviaturen und Typen dargestellt, einzig die Paläste der Strozzi, Medici und Pitti erscheinen als charakteristische Einzelarchitekturen. Die Vedute stellt also wie viele andere frühe Stadtansichten keine getreue Wiedergabe der Stadt dar, sie wird vielmehr durch das Interesse bestimmt, ein Bild der gesellschaftlichen und politischen Verhältnisse zu geben: Veranschaulicht wird hier die Florentiner Verfassung – eine Oligarchie – innerhalb deren wenige Familien dominierten.[17]

Auftraggeber und Bauherr des Palazzo Strozzi war einer der wohlhabendsten Florentiner, der Kaufmann Filippo di Matteo Strozzi (1428–1491). Wie viele seiner Zeitgenossen investierte auch er erhebliche Summen seines Vermögens in Kunst. So gab er unter anderem Gemälde bei Domenico Ghirlandaio in Auftrag, wahrscheinlich be-

---

16 Attilo Mori und Giuseppe Boffito, Firenze nelle vedute e piante. Studio storico, topografico, cartografico, Florenz 1926, S. 34.

17 Siehe für eine vergleichbare Betrachtung von Stadtplänen Lucas Burkart, Stadtansichten, in: Bildgeschichten. Aus der Bildersammlung des Staatsarchivs Basel-Stadt 1899–1999, hg. von Esther Baur Sarasin und Walter Dettwiler, Basel 1999, S. 60–63 und allgemein Wolfgang Behringer und Bernd Roeck (Hg.), Das Bild der Stadt in der Neuzeit 1400–1800, München 1999.

saß er eine Darstellung des heiligen Franziskus, die damals als Werk des Rogier van der Weyden galt.[18] Benedetto da Maiano stellte ihn in einer Porträtbüste dar (Abb. 2),[19] von der Giorgio Vasari berichtet, daß sie im Palazzo Strozzi aufgestellt gewesen sei.[20] Die eindrucksvolle Büste zeigt einen älteren Mann, der sich in vornehm stilisiertem Selbstbewußtsein darstellen läßt.[21]

Zu den von Filippo Strozzi gestifteten oder unter seiner Bauträgerschaft errichteten Architekturen gehören neben einigen Kapellen eine gesamte Kirche, Landgüter und schließlich Paläste. Daß ihn bei all diesen Projekten mehr als nur der praktische Nutzen interessierte, dürfte schon angesichts ihrer hohen Zahl offensichtlich sein. Statt sein Kapital kurzfristig rentabel anzulegen, zog er es vor, in Kunstwerke zu investieren. Dabei stand keineswegs der reine Kunstgenuß im Vordergrund, wie bereits eine kurze Passage aus einem Brief an den Bruder Lorenzo (1474) belegt:

> Von den Dingen, über die ich ständig nachdenke und die ich ständig plane, hoffe ich, daß sie – vorausgesetzt, Gott gibt mir ein langes Leben – für meine Erinnerung sorgen.[22]

---

18 Von dem Bild Rogiers ist weiterhin nur bekannt, daß Filippo Strozzi es an Diomede Carafa verschenkt hat, heute fehlt von ihm jede Spur (Sale 1976, S. 13).

19 Edgar Lein, Benedetto da Maiano, Frankfurt a.M. 1988 (Bochumer Schriften zur Kunstgeschichte, hg. von Max Imdahl und Manfred Wundram, Bd. 12), S. 145f.

20 »In Santa Maria Novella zu Florenz, in der Kapelle, welche Filippino Lippi malte, arbeitete Benedetto mit vielem Fleiß ein Grabmal von schwarzem Marmor für den alten Filippo Strozzi; er stellte darauf in runder Umfassung die Madonna mit einigen Engeln dar; *das Marmorbild jenes Herren jedoch, welches zu dem ganzen Werk gehörte, befindet sich nunmehr im Palazzo Strozzi*« (Vasari, übers. Schorn und Förster, Bd. 2, Teil 2, S. 254).

21 Vgl. zu den Florentiner Porträtbüsten jetzt Michaela Marek, »Virtus« und »fama«. Zur Stilproblematik der Porträtbüsten, in: Piero de'Medici »il Gottoso« (1416–1469). Kunst im Dienste der Mediceer, hg. von Andreas Beyer und Bruce Boucher, Berlin 1993, S. 341–368.

22 »E delle chose di qua vo tuta volta pensando e disegniando e se Iddio mi presta chonpetente vita, spero fare qualche chosa di memoria« (zit. nach Borsook 1970, S. 14, Dok. 16).

*Abb. 2:* Benedetto da Maiano, Bildnisbüste des Filippo Strozzi (um 1475)

Die Kunstwerke sollten also vielmehr der Erinnerung – der *memoria* – an Filippo Strozzi dienen. Insbesondere bei dem aufwendigsten der von ihm in Auftrag gegebenen Projekte, dem Palazzo Strozzi, dürften praktische Nutzungsabsichten oder wirtschaftliche Gründe als Motivation für den Auftrag nur eine untergeordnete Rolle gespielt haben: Als einige Räume des Palastes im 16. Jahrhundert vermietet wurden, betrug die Miete nämlich nur die geringe Summe von 45 Florin.[23] Angesichts der bei Handels- und Geldgeschäften durchschnittlich erzielbaren Rendite von 8 % war die Investition in Architektur, die zudem bei einem so umfangreichen Projekt auch noch auf Jahrzehnte hinaus Ressourcen bündelte, in finanzieller Hinsicht zumindest waghalsig.

23 Goldthwaite (1972), S. 994.

Filippo Strozzi hatte den Bau in seinem 62. Lebensjahr begonnen. Er hatte damit die durchschnittliche Lebenserwartung von fünfzig bis sechzig Jahren bereits überschritten und konnte kaum davon ausgehen, daß er seinen Palast noch lange bewohnen würde. Im Gegenteil: Er mußte darauf hoffen, daß seine Kinder das große Projekt fortführen. Diese nahmen die Verpflichtung an, 1535 schrieb sein Sohn Filippo in einem Brief:

> Die Verpflichtung dem Vater gegenüber, die Ehre unseres Hauses, und die geringe Liebe zu meinen Söhnen – die jeden Tag geringer wird – veranlaßt mich und bestärkt mich in meiner Absicht, eher mein Geld für diese Steine auszugeben als es aufzuheben, damit jene ihre Gelüste stillen können.[24]

Wie aus zeitgenössischen Dokumenten hervorgeht, erzielte der Palast die beabsichtigte Wirkung: Er wurde als »grande«, »magnificho«, »superbo« und »bello« bezeichnet, vor allem wurden stets die hohen Kosten vermerkt, die für seinen Bau aufgewendet wurden.[25] Während die Namen der beteiligten Architekten und Handwerker kaum eine Rolle spielten, wurde der Bauherr des Palastes in ganz besonderer Weise mit ihm identifiziert. Dieser war, wie Matteo Palmieri in seiner Schrift »della vita civile« – von der Filippo ein Exemplar besaß – schrieb,[26] Attribut und Würdezeichen des Bauherren: »Man muß nicht den Herren für das Haus, sondern das Haus durch den Herren hochschätzen.«[27]

---

24 »Lo obligo con il padre, l'honore della casa et il poco amore et porterò ogni giorno mancho alli figliuoli, mi induce et inclina più allo spendere piu presto in cotesti saxi che al conservare per che epsi se ne servino in loro appetiti« (Brief Filippos an Lorenzo Strozzi vom 24. April 1535, hier zitiert nach Elam 1985, S. 129, Anm. 31).

25 S. unten, S. 91ff.

26 Sale 1979, S. 46.

27 »[...] non il signore per la casa, ma la casa pel signore sì vuole e debbe onorare« (Matteo Palmieri, Vita civile, ed. Gino Belloni, Florenz 1982 (Istituto Nazionale di Studi sul Rinascimento, Bd. VII), S. 194).

# IV Der Bauplatz

Für den Status einer Familie im politischen System der Republik Florenz war ihre topografische Identität entscheidend, etwa auf der untersten Ebene von Politik und Steuersystem, im *gonfalone* als einem Stadtdistrikt und zugleich einer Loyalitätszelle für die Familie. So war es zwingend, daß in dem Quartier, in dem die Strozzi seit Alters her lebten, auch der Palastneubau errichtet wurde. Der Familienclan wohnte seit Generationen in einem Gebiet, daß grob umrissen – und nach den heutigen Bezeichnungen – im Norden von der Via Strozzi, in Osten und Westen von der Piazza Vittorio Emmanuele und der Via Tornabuoni und im Süden von der Via Porta Rossa begrenzt wird. Den Kern dieses Viertels bildete ein Platz – früher Piazza Marmora (heute Strozzi) – um den sich die kleineren Wohnhäuser einzelner Familienmitglieder wie auch anderer Familien, etwa der Gondi und der Tornaquinci, gruppierten (Abb. 1). Die Strozzi sind in diesem Quartier seit dem frühen 13. Jahrhundert nachweisbar.[28] Zwei Jahrhunderte lang vergrößerten sie ihren Einflußbereich durch den Ankauf zahlreicher Grundstücke und Häuser auf Kosten der benachbarten, älteren Geschlechter. Im Jahre 1488 endlich wurde Filippo Strozzi gestattet, die Piazza Marmora zu einer privaten Platzanlage umzuwandeln: Sie unterlag fortan ausschließlich der Verfügungsgewalt der Familie. Mit dem Neubau zweier Paläste, des Palazzo dello Strozzino und des Palazzo Strozzi, war die Expansion abgeschlossen. Das Quartier hatte sich gewandelt: Isolierte Einzelpaläste mit zentralem Hof um einen mittigen Platz setzten sich an die Stelle des zuvor aus Höfen, Gassen und Häusern bestehenden Wohnbezirks. Der Wunsch nach einer gesellschaftlichen und städtebaulichen Transformation des Quartiers bedingte eine neue Baupolitik, beides verbindet sich in der Person des entscheidenden Protagonisten der Familie Strozzi: Filippo di Matteo.

---

28 Vgl. dazu wie auch zum folgenden Leinz (1977), S. 685–695. Zur Piazza siehe Elam (1985).

Zunächst gestaltete Filippo Strozzi einen der von seinem Vater ererbten Paläste um. Nach Ausweis der erhaltenen Dokumente beschränkte er sich dabei zuerst auf eine umfassende Neugestaltung des Inneren; zwischen 1470 und 1480 gab er dafür über 1150 Goldflorin aus. Nachweisbar ist etwa die Ausmalung des Studierzimmers durch den Maler Bernardo Rosselli.[29] Bevor dann der Neubau des großen Palastes folgte, sind für die Jahre 1482 bis 1487 nochmals Arbeiten am alten Palast nachweisbar.[30] Offensichtlich sollte dieser zu einer angemessenen Residenz ausgebaut werden, weil abzusehen war, daß die Errichtung des neuen Palastes eine lange Zeit in Anspruch nehmen würde.

Auf der Grundfläche des späteren Neubaus stand eine stattliche Anzahl von Gebäuden, von denen nur ein einziges Filippo gehörte.[31] Die anderen, darunter ein größeres Haus mit drei Geschäften im Erdgeschoß sowie ein Palast mit einem Turm, konnten erst sukzessive erworben werden. Zahlreiche Geschäfte waren auf dem Terrain situiert: Eine Bäckerei, eine Fleischerei sowie ein Wurstladen; als Handwerker waren hier Tischler, Töpfer, Schuhmacher und Steinmetzen tätig, und in zwei Geschäften wurden Alteisenwaren und Tuch gehandelt. Der Kauf der Grundstücke und Häuser gestaltete sich teilweise äußerst kompliziert: Der Schmied Chimenti di Polito etwa wollte sein Geschäft »um keinen Preis der Welt« verkaufen. Erst als neben ihm die Abbrucharbeiten und Neufundamentierungen begannen, entschloß er sich endlich – wohl nicht zuletzt aufgrund der damit verbundenen Belästigungen – zum Verkauf.[32] Man weiß dies durch den Kaufvertrag, also einer Urkunde, die nur durch umfangreiche Archivforschungen der Öffentlichkeit bekannt werden konnte. Doch auch gedruckte Texte berichten von den Schwierigkeiten des Grundstück-

---

29 Siehe Sale (1979), S. 23.

30 Goldthwaite (1973), S. 106f.

31 Die vollständige Auflistung nach den Dokumenten bei Pampaloni (1963), S. 44, Anm. 54.

32 Pampaloni (1963), S. 46.

erwerbs. Vasari schreibt (Dok. IV, Z. 6 f.), daß eine vollständige Freistellung des Palastes deshalb nicht möglich gewesen sei, weil einige Nachbarn ihre Grundstücke nicht verkaufen wollten. Die Vita Filippos findet ihren Höhepunkt der ausführlichen Schilderung des Grundstückerwerbs (Dok. I, Z. 55 ff.) mit der Bemerkung, daß man für das Geld, welches für die Bereitstellung der Baufläche aufgewendet werden mußte, bereits einen eigenen Palast hätte errichten können.[33] Tatsächlich haben die Aufwendungen für den Grundstückerwerb mit 18 % – gegenüber 39 % für Material und 39 % für Arbeit – einen vergleichsweise hohen Anteil an den Gesamtbaukosten.[34] Die Höhe dieses Postens liegt nicht zuletzt darin begründet, daß Filippo mehr Grundstücke aufkaufte als er eigentlich für den Palastbau benötigte: Ausschlaggebend hierfür war der Wunsch, den Bau im Stadtbild einprägsam in Erscheinung treten zu lassen. Filippo beantragte dafür sogar die Korrektur der Straßenflucht und damit den Erwerb von Grund und Boden in öffentlichem Besitz – die dafür benötigte Genehmigung wurde ihm 1489 erteilt.[35]

Eine Ansammlung von kleineren Geschäften war im Erscheinungsbild einer Stadt des Mittelalters gängig. Hier sollte sie nun ersetzt werden durch den monolithischen Block eines einzelnen Palastes. Daß Filippo die problematischen Implikationen eines solchen Vorhabens – etwa die Veränderung der Sozialstruktur innerhalb des Quartiers – bewußt gewesen sein dürften, verdeutlicht eine Passage seiner Vita. Hier wird geschildert, wie er mit Lorenzo de' Medici über das Aussehen seines neuen Palastes verhandelt (Dok. I, Z. 34 ff.): In diesem Zusammenhang erwägt er die Errichtung eines Nutz- anstelle eines Repräsentationsbaus, der u.a. Geschäfte im Erdgeschoß besitzen sollte, die zum Unterhalt der Familie beitragen würden. Der Lebens-

---

33 In der Tat kostete die Errichtung des Palazzo Bartolini-Salimbeni (1520–23) mit 7038 Florin nicht viel mehr als die 6492 Florin, die Filippo für Grundstückskäufe ausgegeben hatte (Lingohr 1997, S. 37).

34 Goldthwaite (1973), S. 190.

35 Elam (1985), S. 128, Anm. 25.

beschreibung zufolge hat Lorenzo de' Medici Filippo Strozzi dies jedoch untersagt, was zur Errichtung eines Palasts führte, der die Struktur des Quartiers entscheidend veränderte. Es darf als eine wesentliche Intention der Vita gelten, daß Filippo ein gleichsam soziales Gewissen für das Quartier unterstellt wird, denn tatsächlich hatten im Florentiner Renaissancepalast gewerbliche Funktionen überhaupt keinen Platz. Trotzdem wird man die Passage über die geplanten Bottegen im Erdgeschoß nicht gänzlich in den Bereich der Topik verweisen dürfen, da im römischen Palastbau der Renaissance eine solche Nutzung durchaus vorkommen konnte.[36] In einem Brief erkundigt sich ein Ferrareser Strozzi, Giovanni, am 20. Dezember 1489 danach, »ob Filippo Geschäfte in den Palast einbauen wird.«[37]

---

36 Vgl. dazu Christoph Luitpold Frommel, Der römische Palastbau der Hochrenaissance, Tübingen 1973 (Veröffentlichungen der Bibliotheca Hertziana), Bd. 1, S. 90f.

37 »Avisami se nela Via de'Ferravechi ho nella Via Largha Filippo farà boteche« (zit. nach Kent 1977, S. 317, Anm. 24).

# V Die Baugeschichte

Zeitgleich mit dem Beginn der Umgestaltung des vom Vater ererbten Palastes – der ihm fortan als Wohnung dienen sollte – begann Filippo, Grundstücke zum Neubau eines Palastes anzukaufen: Der erste Grundstückerwerb ist für das Jahr 1473 nachweisbar.[38] Gut fünfzehn Jahre sollte es jedoch dauern, bis der Grundstein gelegt werden konnte. Dem gingen Abbruch- und Ausschachtungsarbeiten voraus, die – zusammen mit den späteren Baumaßnahmen – geradezu minutiös dokumentiert sind. Die erhaltenen Baubücher, fünf große, eng beschriebene Bände, belegen über einen Zeitraum von fünfzehn Jahren Auszahlungen, die an den Bauarbeiten beteiligten Handwerker sowie deren jeweilige Arbeitsleistungen.[39] Diese Aufstellungen erscheinen auf den ersten Blick wenig aufschlußreich und sind darüber hinaus in hohem Maße interpretationsbedürftig. Für den 12. Dezember 1489 heißt es beispielsweise:

> Andrea di Lucha Frilli hat am 12. Dezember 675 Soldi und 16 kleine Soldi erhalten für die Arbeit von 6758 braccia der Fundamente, d. h. für das Aushöhlen der Erde besagter Fundamente und auch für das Auffüllen mit Kies und Kalk auf der Grundlage von einem Soldo für den Quadratbraccio.[40]

---

38 Siehe Leinz (1977), S. 688.

39 Untersucht wurden diese im Florentiner Staatsarchiv liegenden Bände vor allem durch Guido Pampaloni (1963), Richard Goldthwaite (1973) und zuletzt Brenda Preyer (1991). Eine kurze Information über die Baubücher gibt Marco Spallanzani (in: Henry A. Millon und Vittorio Magnago Lampugnani (Hg.): The Renaissance from Brunelleschi to Michelangelo. The Representation of Architecture, Kat. d. Ausst. Venedig 31. März – 6. November 1994, London 1994, S. 521).

40 »Andrea di Lucha Frilli di rinchontro de'avere a dì 12 di dicienbre l. sesciento settantacinque s. sedici picc. Sono per br. 6758 di più fondamenti cioè per cchavatura della terra di detti fondamenti e per rienpiutura d'essi di ghiaia e chalccina a rragione di s. el br. quadro« (zit. nach Preyer 1991, S. 204, Dok. 1a).

Andrea di Luca Frilli war der Generalunternehmer für die Fundamentierung des Palastes.[41] Er wurde bezahlt für Abbruch- und Ausschachtungsarbeiten, für den Abtransport des Materials und für die Auffüllung mit Fundamentsteinen. Auf eigene Rechnung hat Frilli wiederum Personal eingestellt. Abgerechnet wurde, wie der zitierte Text zeigt, auf einer Maßgrundlage von Quadratbraccia (1 qbr. = 0,584 $m^3$). Es entspricht im Grunde heute üblichen Vereinbarungen, wenn der Auftragnehmer nicht stundenweise, sondern nach Leistung bezahlt wurde.

Bereits dieser kleine Ausschnitt aus dem Baubuch zeigt, wie zentral solche Quellen sind. Auf ihrer Grundlage kann nicht nur die Baugeschichte des Palastes in ihrer technischen Organisation rekonstruiert, sondern es können auch die Zahl der beteiligten Arbeiter, ihre Entlohnung, die Verteilung der Arbeiten über das Jahr und viele andere vor allem sozialgeschichtlich erhellende Fragen diskutiert werden.[42] Der Bau schritt kontinuierlich voran, auf der Baustelle waren zeitweilig über 100 Arbeiter beschäftigt, über die Jahre hinweg waren es durchschnittlich mindestens vierzig. Viele der benötigten Materialien waren in den umliegenden Geschäften erhältlich, einzig der Stein, die *pietra forte*, mußte von außerhalb herantransportiert werden. Die technische Abwicklung überwachte zunächst Filippo Strozzi selbst, nach seinem Tod fungierte Simone di Tommaso del Pollaiuolo, genannt *il Cronaca* (1457–1508), als Bauleiter; ein Cousin Filippo Strozzis war für die Abwicklung der Finanzgeschäfte zuständig.

Anschaulich beschreibt Luca Landucci in seinem Tagebuch die Arbeiten (Dok. III, Z. 1ff.). Von seinem Spezereienladen konnte er das Treiben aus direkter Nähe beobachten: Er beklagt sich über die vielen Schaulustigen und den ständigen Staub in der Luft. Wie auch ge-

41 Goldthwaite (1973), S. 142–144.

42 Weitere Quellen, die die Baugeschichte des Palazzo Strozzi betreffen, hat neuerdings Riccardo Pacciani erschlossen (Attività professionali di Simone del Pollaiolo detto »il Cronaca« (1490–1508), in: Quaderni di Palazzo Te 1994, Hf. 1, S. 12–35).

legentlich heute noch scheinen größere Bauunternehmungen bereits von Anfang an großes Interesse geweckt zu haben. Auch der Bauplatz des Palazzo Medici (ab 1445) erregte Aufsehen: Wo noch keine Wand aufrecht stand, wird in einem Brief das Bauloch als »großartig anzuschauen« beschrieben.[43]

Am 6. August begann man nach Landucci (Dok. III, Z. 6), den Baugrund mit Sand und Kalk wieder aufzufüllen. Filippo Strozzi warf in das Loch mehrere, wohl eigens für diesen Anlaß gefertigte Medaillen, er legte damit den Grundstein. Einige von diesen haben sich erhalten (Abb. 3):[44] Sie zeigen auf dem Avers das von deutlichen Altersspuren gezeichnete Porträt Filippo Strozzis im Profil und auf dem Revers

*Abb. 3:* Medaille des Filippo Strozzi. Florenz, Museo Nazionale del Bargello

---

43 »Della grandezza di colui non si crede vedrai quello che Michelino ti scrive che e cosi del disfacimento del canto, che è disfato da chasa Zanobi fino a chasa Frusino; è sgonbro tutto, *che è una magnificentia a vedere*« (Brief des Alessio Galluzzi an Giovanni de' Medici, zit. nach Dale und Francis Kent, Two Comments of March 1445 on the Medici Palace, in: The Burlington Magazine 121, 1979, S. 795–796, hier S. 795; vgl. weiterhin Wolfger A. Bulst, Die sala grande des Palazzo Medici in Florenz. Rekonstruktion und Bedeutung, in: Piero de'Medici »il Gottoso« (1416–1469). Kunst im Dienste der Mediceer, hg. von Andreas Beyer und Bruce Boucher, Berlin 1993, S. 89–127, hier S. 114f., Anm. 7).

44 G.F. Hill, A Corpus of Italian Medals before Cellini, 2 Bde., London 1930, No. 1018.

einen Adler über seinem Wappen. Die Erinnerung an den Bauherren wurde damit im Wortsinne zum Fundament für den Palast.[45]
Ein weiterer Zeitzeuge, Tribaldo de Rossi, beschreibt die Vorgänge des 6. August noch lebendiger als Landucci: Er kam des Weges und wurde direkt von Filippo Strozzi dazu aufgefordert, einen Stein zusammen mit einer Münze in den Baugrund zu werfen. Tribaldo empfand dies als einen solchen Gunsterweis, daß er sofort seinen Sohn und seine Tochter holen ließ. Seinen Sohn auf dem Arm haltend erhielt er von Filippo die Erlaubnis, daß auch dieser eine Medaille – zusammen mit einem Strauß damaszener Röschen – in den Grund werfen darf:

> Am Tag des 6. August 1489, als die Baumeister bei Sonnenaufgang begannen, die Grundmauern des besagten Palazzo von Filippo Strozzi zu legen, kam ich, als ich nach San Sisto al Bechaio ging, dort vorbei. Sie begannen in der Mitte der Fassade, die von jener Loggia bis Santa Trinità reicht, Grundmauern zu legen. Es waren circa zwischen 12 und 16 *braccia* Kies und Kalk als Fundamente hineingefüllt worden, und als ich dort ankam, war dort besagter Filippo anwesend. Als ich an seiner Seite war, sagte er selbst zu mir, nehmt einen Stein und werft ihn hinein, und so tat ich es, und tatsächlich griff ich mit meinen Händen in seinem Beisein in den Geldbeutel hinein und warf einen alten *quatrino gigliato* hinein, was Besagter nicht wollte, aber zur Erinnerung daran warf ich ihn hinein und er war zufrieden. Dann, als ich gegangen war, und mit Lorenzo und Giorgio in einem Geschäft gegenüber von Santa Trinità war, ordnete ich zum Andenken daran an, nach Ghuarnieri, meinem Sohn, und Franciescha, meiner Tochter, zu schicken. Tita, unsere Magd, die am Donnerstagmorgen wegen des Fleisches in den Laden gekommen war, lief nach ihnen. Und Nannina, meine Frau, schickte mir die beiden besagten Kinder, die neu eingekleidet waren. Und ich führte sie zu jenen Grundmauern, und ich nahm Ghuarnieri am Hals und er blickte dort hinab, und ich gab ihm ein *quattrino giliato,* und er warf ihn hinab, und ich ließ ihn einen Strauß damsazener Röschen, den er in den Händen hatte, hineinwerfen und sagte,

45 Zum Typus der Grundsteinlegungsmedaille fehlt eine spezifische neue Untersuchung, vgl. bisher etwa Jürgen Zimmer, Die Neuburger Medaille von 1607. Materialien zum Verständnis eines unscheinbaren Kunstwerkes, in: Zeitschrift des historischen Vereins für Schwaben 85, 1992, S. 49–100.

erinnere dich daran. Er sagte ›ja‹, sie waren zusammen mit unserer Magd Tita und Ghuarnieri war an besagtem Tag genau vier Jahre und zwei Tage alt, und Nannina hatte ihm erst vor wenigen Tagen eine neue Weste aus schillerndem grünen und gelben Taft gemacht, es sei immer im Namen Gottes.[46]

Die Fertigstellung seines Palastes erlebte der Auftraggeber erwartungsgemäß nicht mehr. Lapidar bemerkt Bartolomeo Masi: »Als Filippo Strozzi starb […], hinterließ er den Palast fertig bis zu den ersten vergitterten Fenstern.«[47] Luca Landucci begleitet das Ende Filippos voller Mitleid, ja geradezu sentimental, wenn er prophezeit, daß die Arbeiten am Bau »ewig dauern« würden (Dok. III, Z. 38). Landucci, der stets die Geschehnisse in Florenz mit den Augen des einfachen Bürgers sieht, wird hier ganz grundsätzlich, indem er die Errichtung des Palazzo Strozzi dermaßen verselbständigt sieht, daß sie Herrschaft über Filippo und sogar seine Familie gewann, und vom Auftraggeber selbst nicht mehr kontrolliert werden konnte.

46 »A'dì 6. Aghosto 1489 in sul levar del sole apunto chominciorono a fondare e'maestri detto Palagio di Filippo Istrozi, en quel punto mi vi abattei io andando a San Sisto al Bechaio, chominciorono a fondare nel mezo dela faccia che va dala Logia detta, a Santa Trinita, erono iti a drento circa da 12 braccia insino in 16 braccia di ghiaia e di chalcina tutti fondi, e abattendomi in quel punto vera ala presenza detto Filippo fendoli alato mi disse a me lui proprio toliete uno sasso e gittatevelo drento, e chosì feci, e di fatto mi misi le mani nela scharsela ala sua presenza, e gittavi drento un quatrino vechio gigliato, lui detto non voleva, ma per memoria di ciò vel gittai e lui fu chontento, dipoi partito chio fu'fendo a bottegha chon Lorenzo, e Giorgio dirinpetto a Santa Trinita diliberai per memoria di ciò mandai per Ghuarnieri mio figliuolo e per la Franciescha mia figliuola, chandò per loro la Tita nostra serva chera venuta a bottegha per la charne che fu in Giovedì mattina, e la Nannina mia donna me li mandò tutte due detti figluoli rivestiti e menáli a detti fondamenti, e presi Ghuarnieri in cholo e ghuatava cholagiù, e dettili un quattrino giliato, e gitolo lagiù e un mazzo di roseline da domascho chaveva in mano ve li feci gittare drento, dissi richorderatene tu, disse sì insieme chola Tita serva nostra erano, e Ghuarnieri aveva apunto detto dì anni 4 e 2 dì, e avevali fatto di pochi dì la Nannina una ghabanella di tafettà changiante verde, e giala nuova, senpre sia al nome di Dio« (Tribaldo de' Rossi, ed. Luigi, S. 248f.).

47 »Morì el sopradetto Filippo […] e lasciò il palazzo fatto insino alle prime finestre ferrate« (Masi, ed. Corrazzini, S. 14).

Filippo Strozzi wurde in einem langen Leichenzug zu Grabe getragen, in den sich auch alle beim Palastbau beschäftigten Handwerker einreihten, von den leitenden Architekten bis zur »plebaglia« der Maurergehilfen und Handlanger, alle auf Kosten des Trauerhauses in dunklem Tuch gekleidet:

> [Der Bahre] folgten alle Meister und Gesellen seiner Werke mit den Architekten, Zimmerleuten, Schmieden, Maurern, Steinmetzen, und all die andere Schar minderer Arbeiter, die dem fürstlichen Bau des Palastes gedient hatten, alle in gleiche, dunkle Gewänder gekleidet und mit so viel Ehrerbietung und Trauer, daß sie alle, die zu diesem Trauerzug gekommen waren, zu Tränen rührten. So wurde er zur ehrwürdigen Kirche Santa Maria Novella geleitet, die mit dunklen Tüchern und Lichtern geschmückt war wie nie zuvor. Er wurde in seiner Kapelle beerdigt, obwohl er eine andere Grablege mitten in der Kirche nahe am Chor hatte.[48]

Für den Fall seines Todes vor Beendigung des Palastes hatte Filippo Vorsorge getroffen: Die hohe Summe von 52 000 Goldflorin in Bargeld stand bereit,[49] darüber hinaus hinterließ er im Testament seiner Frau und den Kindern bindende, konkrete Anweisungen für die Fortführung und den Abschluß des Baus (Dok. II). Falls diese den Auflagen nicht folgen würden, sollten Lorenzo de' Medici oder später die Zunft der Kaufleute die Gelder zur ununterbrochenen Baudurchführung erhalten. Eine Sicherung von Testamentsbestimmungen war bei letztwilligen Stiftungen für religiöse Zwecke gängige Praxis, hier

---

48 »Intervennono ancora tutti li ministri e giovani delli suoi esercizj com li architettori, legnaiuoli, fabbri muratori, scarpellini, e tutta l'altra più vile turba che alla principiata fabbrica del Palazzo serviva, in abito similmente bruno e con tanta devozione e amaritudine, che commossero le lacrime a tutti quegli che per vedere la funeral pompa erano concorsi. Così fu accompagnato alla venerabil Chiesa di Santa Maria Novella, di lumi e negri panni, quanto altra volta mai fosse, ripiene e ornata; e messo nella sepoltura della sua Cappella, benchè ne avesse un'altra neel mezzo della Chiesa, vicia all'entrar del coro« (zit. nach Vita di Filippo Strozzi il Vecchio. Scritta da Lorenzo Strozzi suo figlio. Con documenti ed illustrazioni, hrsg. v. Giuseppe Bini u. Pietro Bigazzi, Florenz 1851, S. 31. Man vergleiche auch die Beschreibung bei Tribaldo de' Rossi, ed. Luigi, S. 257).

49 Lepik (1994), S. 106.

jedoch wurde Vorsorge getroffen für ein rein privates Bauvorhaben. Ohne nennenswerte Unterbrechungen konnte der Palastbau weitergeführt werden, siebzehn Monate nach Filippos Tod wurde laut Luca Landucci der »Bogen des Portals zur Via Ferravecchi vollendet« (Dok. III). Am 14. Februar 1492 konnte dann mit den Maurern bereits ein kleines Fest mit »Fleisch, Hartkäse, Makkaroni, Brot und Wein« gefeiert werden, da der »Saal zum Corso degli Strozzi eingewölbt worden war.«[50] Landucci bleibt auch weiterhin ein verläßlicher Zeuge für den Bauvorgang. Wie ein Chronist beobachtet er dessen Fortschritte: Im Jahre 1495 waren die Fenster des ersten Stockwerkes vollendet, drei Jahre später diejenigen des zweiten (Dok. III, Z. 45 f.). In der Zwischenzeit hatte man mit dem Ausbau des Innenhofes begonnen.[51] Für diesen existierte, wie noch zu zeigen sein wird, keine anfängliche Planung. Gegen Ende November des Jahres 1498 wurde mit dem Aufbau des Abschlußgebälks begonnen, zwei Jahre später war es etwa zur Hälfte vollendet. Die andere Hälfte ist bis heute nicht fertiggestellt worden. Darin wird die Tatsache unmittelbar anschaulich, daß der Palast im Inneren in zwei Hälften geteilt ist, und diese zwei Familienzweigen gehören sollten. Wie in seinem Testament festgelegt (Dok. II), war eine Hälfte für Filippos Sohn Alfonso aus erster Ehe bestimmt, die andere dagegen für seine beiden Söhne aus zweiter Ehe, Lorenzo und Filippo. Nur diese beiden Nachkommen haben dem Wunsch ihres Vaters Folge geleistet und die ihnen zustehende Palasthälfte vollendet; Lorenzo hat sich zudem um das Andenken des Vaters durch das Abfassen der Vita verdient gemacht. Alfonso dagegen geriet in den finanziellen Bankrott, und so blieb sein Anteil am Palast unvollendet.

---

50 Im Baubuch wurde die Auszahlung von 12 Liren und 12 Soldi für »charne, chascio e macheroni e pane e vino e sale e altro comprato per dare desinare a' muratori per avere volto la sala del Chorso degli Strozzi« (zit. nach Pampaloni 1963, S. 97).

51 Brenda Preyer konnte jüngst durch eine neuerliche Lektüre der Baubücher den Beginn der Arbeiten im Hof auf das Jahr 1491 fixieren (1991, S. 202).

Der Grundriß des Palazzo Strozzi ist so angelegt, daß – bis auf den Innenhof – die Palasthälften als unabhängige Einheiten disponiert sind (Abb. 17). Offensichtlich wird dies durch die zwei Treppen, die eine getrennte Erschließung der beiden Gebäudeteile ermöglichen. Von jeweils einer Hofseite aus sind die Räume im *piano nobile* durch je eine zweiläufige, gerade geführte Treppe erreichbar. Zwar sind diese vollkommen gleichmäßig gestalteten Treppen relativ eng und steil – sie wurden, was bereits Vasari erkannt hat, durch die Erhöhung des *piano nobile* noch steiler (Dok. IV, Z. 67) –, aber bereits ihre Duplizität stellt eine Besonderheit dar: In Florenz waren, wie jüngst festgestellt worden ist, die Bauten meist zu klein oder ihr Innenraum zu kostbar, als daß man ihn für aufwendige Treppenanlagen vergeuden wollte.[52] Vor diesem Hintergrund darf man die Treppenanlagen als aufwendig bezeichnen. Sie machen deutlich, wie sehr Filippo Strozzi von Anfang an darauf bedacht war, den Palast für die nachfolgenden Generationen nutzbar zu machen.

Die Idee zu dieser Grundrißdisposition wurde übernommen vom in der Nähe gelegenen Palazzo dello Strozzino. Dort erschließen die beiden äußeren der drei Portale zwei von einander getrennte Wohnbereiche mit eigenen Treppenanlagen, das mittlere den von beiden Parteien genutzten vierseitigen Hof.[53] Die strukturelle Rezeption des Palazzo dello Strozzino, der in seiner Fassade dem Palazzo Medici nachfolgt (Abb. 14), ermöglichte, formal an die architektonische Familientradition anzuknüpfen.

Nur durch die funktionale Trennung bot sich die Möglichkeit, nach dem Ableben des Bauherren die Bautätigkeit auf eine der beiden Palasthälften zu konzentrieren. Am 16. Juni des Jahres 1504 war die

52 Lingohr (1997), S. 159.

53 Gianluca Belli, Il Palazzo dello Strozzino, in: Gabriele Morolli (Hg.): Michelozzo. Scultore e Architetto (1396–1472). Atti del Convegno Internazionale, Florenz und San Piero a Sieve, 2.–5. Oktober 1996, Florenz 1998, S. 35–44. Vgl. dazu die Rezension in: Journal für Kunstgeschichte 3, 1999, S. 141–147.

Palasthälfte von Filippo und Lorenzo vollendet, wie Luca Landucci vermerkt:

> Und am 16. Juni 1504 wurde der Palast der Strozzi fertig. Und es führte Lorenzo di Filippo Strozzi seine Gattin hinein, und machte sehr schöne Hochzeit und schöne Ausschmückungen.

Alfonsos Palasthälfte – hin zur Via Tornabuoni gelegen – blieb ein Torso bis zur dritten Steinlage über den Fenstern des zweiten Obergeschosses. Die Baulücke konnte, allerdings nur bis zum Kranzgesims, im Jahre 1534 mit finanzieller Hilfe der Stiefbrüder geschlossen werden.[54] Dies dürfte aber nicht etwa auf ein nachlassendes Interesse Alfonsos am Palast zurückzuführen sein. Es hing einzig mit seinen ungünstig verlaufenden Bankgeschäften zusammen, bei denen er ständig Geld verlor, so daß er kaum noch Mittel für den Palastbau aufbringen konnte.[55]

---

54 Mario Salmi, in: Pampaloni (1963), S. 19.

55 Melissa Meriam Bullard, Filippo Strozzi and the Medici. Favour and Finance in sixteenth-century Florence and Rome, Cambridge u. a. 1980 (Cambridge Studies in Early Modern History), S. 12.

## VI Das Baumodell

Das Baubuch und die Tagebucheinträge Landuccis machen den Bauverlauf und seine Organisation nachvollziehbar. Es darf jedoch als seltener Glücksfall gelten, daß darüber hinaus die baukünstlerische Genese des Palastes anhand eines Baumodells studiert werden kann. Neben dem Gesamtmodell haben sich noch zwei Teilmodelle des Palazzo Strozzi erhalten; es sind die ersten Modelle für einen Privatbau in der Architekturgeschichte (Abb. 4–8). Sie dürfen zugleich als die anschaulichsten Beispiele für die Vielfalt und Komplexität der Aufgaben gewertet werden, die das Architekturmodell auf einem seiner Höhepunkte am Ende des 15. Jahrhunderts erreicht hatte.

Zusammen mit beiden Teilmodellen ist das Gesamtmodell heute im Florentiner Bargello ausgestellt. Im oberen Saal des Museums – in dem mit Donatellos David-Figuren, seinem hl. Georg sowie mit den »Konkurrenzreliefs« des Baptisteriums Hauptwerke der Florentiner Skulptur des 15. Jahrhunderts präsentiert werden – fällt es nicht zuletzt durch seine Größe sofort auf: Ohne Basis mißt es 135 × 98,7 × 67,5 cm. Auf den ersten Blick weist es viele Ähnlichkeiten mit dem gebauten Palast auf, erst die eingehendere Betrachtung läßt Unterschiede erkennen: So reduzieren sich beim Modell die Stockwerkshöhen nach oben hin deutlich, am gebauten Palast sind sie dagegen gleich (Abb. 9). Und während am Bau die Rustika in ihrer Plastizität kontinuierlich abnimmt, so daß sie im dritten Stock nurmehr als flaches Relief erscheint, reduziert sie sich am Modell von Stockwerk zu Stockwerk. Alle wesentlichen Gliederungselemente des Baumodells finden sich am Palast wieder, nur das Kranzgesims folgt einem veränderten Entwurf.

Der Vergleich von Modell und Palast sollte jedoch nicht einseitig auf die Unterschiede abzielen, so daß die Übereinstimmungen schwinden, denn beide verbinden grundsätzliche Analogien: Die Zahl der Stockwerke und der Fensterachsen stimmt überein: Das Modell ist also eindeutig für den Bau des Palastes bestimmt.

*Abb. 4:* Giuliano da Sangallo, Palazzo Strozzi, Baumodell. Florenz, Museo Nazionale del Bargello

Zu untersuchen bleibt, welche Rolle das Holzmodell innerhalb der Baugeschichte des Palastes spielt. Andres Lepik hat jüngst das Architekturmodell in allgemeinem Sinn zu definieren versucht: »Das Architekturmodell ist ein Medium der Darstellung. Es bündelt ästhetische und technische Informationen, die zuvor auf anderen Ebenen festgelegt wurden, und übersetzt sie in eine plastische Form. Das Ziel jeder Architekturplanung ist der real ausgeführte Bau. Mit dem Architekturmodell tritt die Gestaltungsidee erstmals dreidimensional auf, es wird zum Stellvertreter für das, was sich zeitlich erst später konkretisieren läßt. Sinn und Zweck dieses Stellvertreters ist es, Funktion, Struktur und Wirkung des Originals vorab zu prüfen.«[56] Auch ohne den direkten Beleg durch Quellen ist gut verstehbar, daß sich Filippo Strozzi ein solches Architekturmodell besonders erwünscht hatte, schließlich mußte er davon ausgehen, die Vollendung seines Palastes nicht mehr zu erleben. Mit 115,10 Lire ließ er sich die Erfüllung dieses Wunsches eine auch für Baumodelle vergleichsweise hohe Summe kosten.[57] Andere Beispiele belegen die Vermutung, daß sich auch ein weiterer Kreis von Bauherren durch das Medium des Modells eine anschauliche Vorstellung von Architektur vermitteln ließ: So erhielt Lorenzo de' Medici im Jahre 1485 vom Bauleiter der von Alberti entworfenen Mantuaner Kirche S. Sebastiano, Luca Fancelli, ein Modell des Kirchenbaus.[58]

Baumodelle überliefern als prospektives Medium die Bauabsichten wie gleichermaßen auch den architektonischen Entwurf. Die Baugestalt war vor Veränderungen auf diese Weise zunächst geschützt.

---

56 Andres Lepik, Das Architekturmodell der frühen Renaissance. Die Erfindung eines Mediums, in: Architekturmodelle der Renaissance. Die Harmonie des Bauens von Alberti bis Michelangelo. Eine Ausstellung des Palazzo Grassi in Verbindung mit der Kunstbibliothek, Staatliche Museen zu Berlin, Preußischer Kulturbesitz, im Alten Museum, Berlin 7. Oktober 1995 – 7. Januar 1996, München/New York 1995, S. 10–20, hier S. 10.

57 Zu den Kosten und zur Datierung des Modells vgl. Lepik (1994), Kat. Nr. 79. Bei Lepik findet sich auch eine Preisvergleichstabelle für Modelle des 15. Jahrhunderts (1994, S. 148f.).

58 Lepik (1994), S. 91 u. Kat. Nr. 64.

*Abb. 5:* Palazzo Strozzi, Baumodell, Inneres. Florenz, Museo Nazionale del Bargello

Filippo Strozzi erhielt durch das Modell nicht nur eine konkrete Vorstellung von der künftigen Gestalt des Palastes; das Modell bedeutete gleichzeitig neben dem Testament und den hinterlassenen Geldern eine weitere und zudem stets im Blick stehende Verpflichtung für die Erben, den Bau des Palastes fortzuführen.

Die Entstehung des Gesamtmodells läßt sich zeitlich exakt eingrenzen: Zahlungen für das Modell sind zwischen September 1489 und Februar 1490 nachweisbar. Es wurde also kurz nach der Grundsteinlegung begonnen, zu einem Zeitpunkt, als die Grundmaße des Palastes feststanden, nicht unbedingt jedoch das genaue Aussehen des aufgehenden Mauerwerks.

Und noch eine weitere Funktion erfüllte das Modell: Seine drei Etagen lassen sich abheben. Man blickt in die Geschosse hinein, deren räumliche Disposition durch kleine Zwischenwände mit Türöffnungen gegliedert wird (Abb. 5). Es war also möglich, die Größe der einzelnen Räume zu veranschaulichen, das Verhältnis von Fensterachsen und Raumgrößen zu korrelieren, ja sogar Blickachsen festzulegen und die Belichtung abzustimmen. Daß die Frage der Belichtung von Räumen beim Modell eine große Rolle gespielt hat, dafür spricht nicht zuletzt dessen auf den ersten Blick unartikuliert wirkende Rückseite (Abb. 6). Diese Seite des Palastes war nie zur Freistellung bestimmt, da hier der gerade kurz zuvor renovierte alte Strozzi-Palast stand. Auch in späterer Zeit hat sie keine Fassade erhalten; ihr Äußeres unterscheidet sich tatsächlich nur marginal von der Vision des Baumodells.

Obwohl anhand der Rückseite des Baumodells demnach keine baukünstlerischen Gestaltungsfragen diskutiert werden mußten, sind hier dennoch Öffnungen in das Holz eingeschnitten. Es sollte offensichtlich überprüft werden, wie Zahl und Verteilung der Fensteröffnungen sich auf die Belichtung der Räume auswirken. Weitaus pragmatischer als mit Zeichnungen ließ sich durch das Modell etwa die Idee entwikkeln, die Treppe am Wendeabsatz durch zwei Fensteröffnungen zu erhellen.

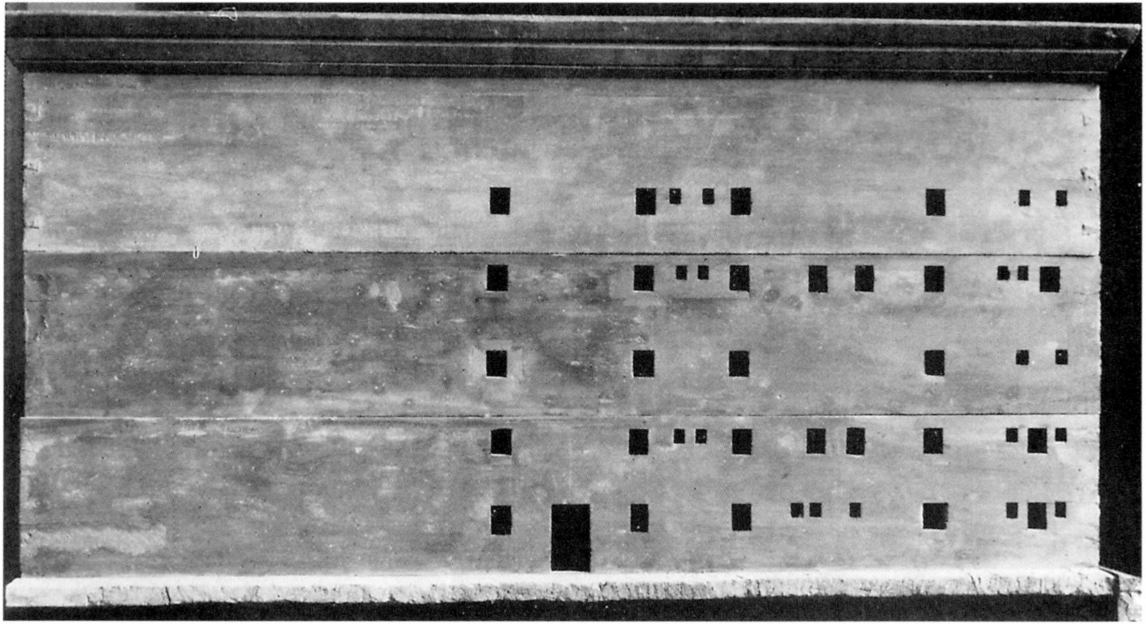

*Abb. 6:* Palazzo Strozzi, Baumodell, Rückseite. Florenz, Museo Nazionale del Bargello

Es erscheint durchaus vorstellbar, daß der Architekt zusammen mit dem Bauherren Planspiele am Modell durchführte.[59] Probeweise konnten innere und äußere Gestalt des Baus harmonisiert werden, ein solcher Idealplan wurde jedoch nicht ausgeführt. Auch die Idee der Abfolge von fluchtenden Türöffnungen – in Vorwegnahme der barocken Enfilade – dürfte am Modell geboren worden sein. Somit wurde das Architekturmodell zu einem erweiterten, dreidimensionalen Planungsinstrument. Wie bei wenigen anderen Bauten des 15. Jahrhunderts wurde damit eine Forderung des folgenreichsten Architekturtheoretikers der Renaissance, Leon Battista Alberti, in die Praxis umgesetzt:

> Deshalb werde ich immer den Brauch der alten tüchtigen Baumeister gutheißen, nicht nur durch Pläne und Zeichnungen, sondern auch an der Hand von Modellen aus Holz oder was auch immer, das gesamte Bauwerk und die Maße jedes einzelnen Gliedes nach den Ratschlägen der gewiegtesten Fachleute immer und immer wieder genau abzuwägen [...] Die Modelle sollen aber so ausgeführt sein, dass man die Lage der Gegend, den Umfang der Grundfläche und Zahl und Anordnung der Teile, die Ansicht der Wände, die Stärke der Decken und schließlich die Art und Durchbildung alles dessen [...] aufs deutlichste ersehen und betrachten kann. Hier kann man auch ungestraft vergrößern, verkleinern, ändern, erneuern und gänzlich umgestalten, bis alles ordentlich zusammenstimmt und Beifall findet. Dazu kommt, dass man Art und Höhe der Kosten, was man nicht im geringsten vernachlässigen soll, genauer bestimmen kann durch Breite, Höhe, Dicke, Zahl, Umfang, Gestalt, Art und Qualität der einzelnen Dinge, indem man ihren Wert und den der Handarbeit schätzt.[60]

Auch der letzte Wunsch Albertis, derjenige nach der Proportionalität des Baumodells, ist am Modell des Palazzo Strozzi verwirklicht. Es präfiguriert mit einer Maßrelation von 1:40 – zumindest im unteren

---

59 Nach Ausweis der von Eve Borsook publizierten Dokumente muß Filippo anhand von Zeichnungen mit Antonio Rossellino über eine Grabkapelle für seinen Bruder Matteo diskutiert haben (Borsook 1970, bes. S. 15, Dok. 18).

60 Alberti, übers. Theuer, S. 68f.

Stockwerk – die Proportionen des ausgeführten Palastes.[61] Vermutlich nahm man vom Modell die Maße ab und fertigte auf dieser Grundlage 1:1-Zeichnungen, etwa für Schablonen.
Nicht nur die visuelle Überredung war also eine der wichtigen Funktionen des Baumodells, es war zudem ein Planungsinstrument für die Errichtung des Palastes. Dabei gehorchte es gewissen ökonomischen Zwängen, wenn etwa nur zwei der vier Seiten des Palastes in all ihren Details ausgeführt sind und der Innenhof zudem nur partiell artikuliert erscheint (Abb. 5). Wie in vielen vergleichbaren Fällen bildete das Modell wohl den Abschluß einer ersten Planungsphase, dem Grundrisse und andere Planzeichnungen vorausgegangen waren; von diesen Dokumenten hat sich indes keines erhalten.
Anders als im Mittelalter war seit etwa 1350 das Baumodell zum vorherrschenden Planungsmedium für die Wirkung von Architektur geworden. Es hatte in dieser Hinsicht die Architekturzeichnung abgelöst, nicht zuletzt, weil es universeller einsetzbar war. So konnten an ihm nicht nur baukünstlerische Phänomene geplant werden, also etwa Raum- oder Lichtwirkungen, es konnte – Maßstäblichkeit vorausgesetzt – auch als Grundlage für die Fertigung von Baudetails dienen. Ganz augenfällig war das Modell für die öffentliche Präsentation des Bauvorhabens von seiten des Bauherren wesentlich besser geeignet als die Architekturzeichnung.
Etwas später boten genau diese Vorteile des Architekturmodells den Anlaß zu einer grundsätzlichen Kritik: Michelangelo beklagte, daß die Arbeit mit sperrigem Holz zu einer additiven und leblosen Erscheinung führe, die seinem Ideal eines organischen Bildes der Architektur widerspreche.[62] Tatsächlich droht Architektur durch die maßstäbliche

---

61 Pampaloni (1963), S. 67, Anm. 35.

62 Horst Bredekamp, Michelangelos Modellkritik, in: Architekturmodelle der Renaissance. Die Harmonie des Bauens von Alberti bis Michelangelo. Eine Ausstellung des Palazzo Grassi in Verbindung mit der Kunstbibliothek, Staatliche Museen zu Berlin, Preußischer Kulturbesitz, im Alten Museum, Berlin 7. Oktober 1995 – 7. Januar 1996, München/New York 1995, S. 116–123.

Planung mit einem Modell zur Pedanterie zu geraten. Mit anderer Zielrichtung umschrieb auch Alberti die Grenzen des Modells, das, je schöner es sei,

> zur Sache eines Selbstsüchtigen wird, der es versucht, den Beschauern die Augen auszuwischen, ihre Aufmerksamkeit aber von einer eingehenden Untersuchung der zu prüfenden Teile ab- und der Bewunderung seiner Person zuzuwenden. Deshalb soll man keine kunstvoll ausgeführten, ausgefeilten, ins Auge fallenden, sondern schlichte und einfache Modelle machen, an denen Du den Geist des Erfinders, nicht aber die Hand des Verfertigers bewunderst.[63]

Es ist aber gerade die Schönheit des Baumodells für den Palazzo Strozzi, die seinen Erhalt bis heute gesichert hat.

Neben dem Gesamtmodell haben noch zwei hölzerne Detailmodelle für das Äußere des Palastes überdauert (Abb. 7).[64] In ihre Rückseite sind vertikale Fugen eingeschnitzt, in die innere Trennwände eingesetzt werden konnten. Die seitlichen Zargen zeigen, daß die Detailmodelle in das große Modell einsetzbar waren, das kürzere in die Langseite, das längere in die Schmalseite. Albertis Forderung entsprechend konnten also das Gesamtmodell durch Module verändert und Gestaltvariationen anschaulich überprüft werden.

Der erste Vorschlag unterscheidet sich vom großen Holzmodell lediglich durch ein wegen der gleichmäßigeren Verteilung der Quader beruhigteres Erscheinungsbild der Rustika. Nur eine einfache Variation nach dem Schema a-b-a lockert die Kompositon der Steinverteilung auf. Das Modell gleicht damit nahezu gänzlich dem über fünfzehn Jahre früher begonnenen Palazzo Spannocchi in Siena (Abb. 15).[65]

---

63 Alberti, übers. Theuer, S. 69.

64 Vgl. auch dazu zuletzt Lepik (1994), Kat. Nr. 79.

65 Zum Palazzo Spannocchi vgl. Cornelius von Fabriczy, Giuliano da Majano in Siena, in: Jahrbuch der Preußischen Kunstsammlungen XXIV, 1903, S. 320–334 und Sonja Müller, Palast- und Villenbau in Siena um 1500. Studien zur Entwicklung der sienesischen Renaissancearchitektur, Darmstadt 1999 (WB-Edition

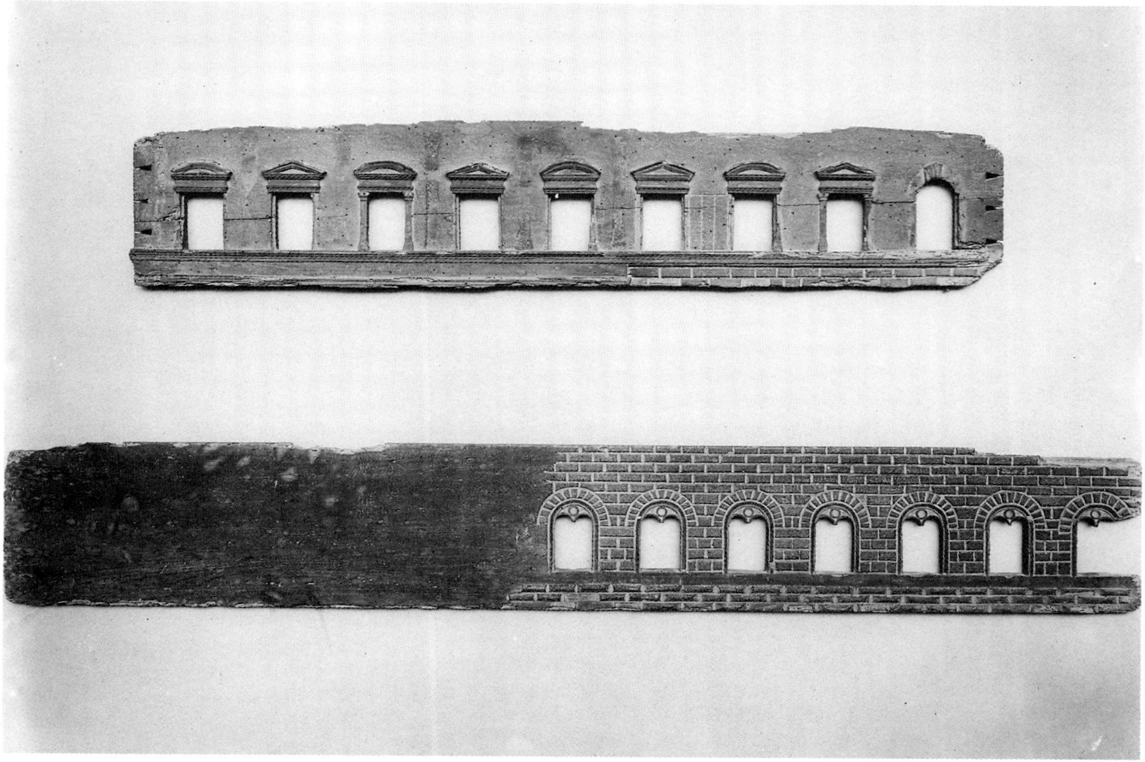

*Abb. 7:* Giuliano da Maiano und Cronaca, Palazzo Strozzi, Baumodell (Detailmodelle). Florenz, Museo Nazionale del Bargello

Das andere Modul divergiert dagegen grundlegend vom Ausgangsmodell: Insgesamt drei Gestaltvarianten werden vorgestellt (Abb. 7, 8); die gesamte Obergeschoßwand bleibt ohne Rustika. Rechts außen erscheint ein Fenster, dessen Rahmung der sogenannte »schwellende Bogen« bildet. Diese innen flach- oder rundbogigen und außen spitzbogigen Fensterrahmungen waren als Standardform bereits im Florentiner Palastbau des 14. Jahrhunderts verbreitet.[66] Im Quattrocento mußten sie altertümlich erscheinen, da in Florenz zu dieser Zeit fast ausschließlich rundbogige Fenster verwendet wurden.[67] Als Fensterrahmungen figurieren sonst im Detailmodell Tabernakelfenster mit alternierendem Rahmen: Über einer Sohlbank erheben sich Pilaster auf hohen Basen. Sie tragen ein verkürztes Gebälk mit einem Giebel, dessen Form zwischen Dreiecksgiebel und Segmentbogen alterniert. Leimspuren und Ritzungen deuten zudem darauf hin, daß in der Mitte eine Wandgliederung mit Pilastern erwogen wurde. Zu dieser Zeit sind Tabernakelfenster in Florenz hochaktuell: Sie finden in den anspruchsvollen und modernen Architekturprojekten wie dem Findelhaus Brunelleschis und der Kirche S. Salvatore e S. Francesco al Monte Verwendung.

Der Architekt konnte also am Modell die Wirkungen einer konservativen oder einer modernen Formensprache erproben. Wie in einem Katalog war es ihm möglich, dem Auftraggeber die verschiedenen Wirkungen zur Auswahl anzubieten. Dieser hat sich dann offensichtlich für die gemäßigte Variante entschieden, die zwar durchaus zeitgemäß wirkt, aber doch von einem Konservativismus geprägt ist, der die aktuelle Architektursprache scheut.

---

Universität, Bd. 10), S. 33–36; zum Vergleich der Fassaden Tönnesmann (1983), S. 116f.

66 Vgl. zuletzt Lingohr (1997), S. 170.

67 Staale Sinding-Larsen, A Tale of two Cities. Florentine and Roman Visual Context for the Fifteenth-Century Palaces, in: Institutum Romanum Norvegiae. Acta ad Archaeologiam et Artium Historiam Pertinentia 6, 1975, S. 163–212, hier S. 189. Ein Gegenbeispiel wäre allerdings der Pal. Ricasoli (vgl. Tönnesmann 1983, S. 79).

*Abb. 8:* Palazzo Strozzi, Umzeichnung des Detailmodells

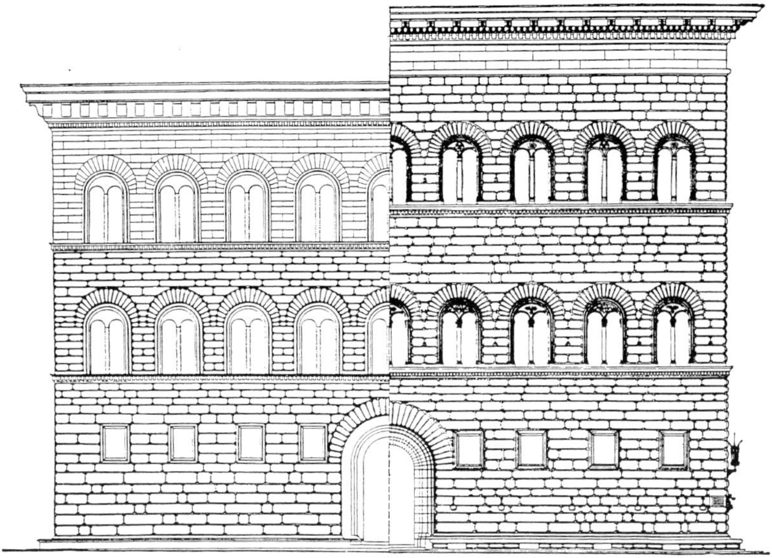

*Abb. 9:* Palazzo Strozzi, Höhenvergleich Baumodell und ausgeführter Palast

Die unterschiedlichen Vorschläge, wie sie von dem variablen Baumodell vorgetragen werden, haben nur einen Sinn, wenn sie in der Baugeschichte des Palastes verankert werden können: Bevor die zweite Etage in Angriff genommen wurde, muß anhand der Detailmodelle das endgültige Aussehen des Palastes diskutiert worden sein. Bei der Ausführung der Fassade über dem ersten Obergeschoß entschied man sich dann jedoch nicht für die Alternativvorschläge, das heißt weder für die altertümlichen Rundbogenfenster noch für die modernen Tabernakelfenster mit Pilastern. Vielmehr griff man mit leichten Varianten auf den ursprünglichen Entwurf zurück.
Im Gegensatz zum Gesamtmodell lassen sich jedoch die Detailmodelle nicht mit Auszahlungen in den Baubüchern in Übereinstim-

mung bringen,[68] sie sind nicht sicher zu datieren. Sie können durchaus noch zu Filippos Lebzeiten entstanden, ebensogut aber auch nach dessen Tod von seinem zu diesem Zeitpunkt 24jährigen ersten Sohn Alfonso in Auftrag gegeben worden sein. Zusammen mit dem noch zu Lebzeiten Filippos neu eingestellten Architekten und Bauleiter, il Cronaca, hätte dieser dann ein neues architektonisches Programm für den Palast erprobt.

68 Alle die Modelle betreffenden Rechnungen hat Goldthwaite übersichtlich zusammengestellt (1973, S. 191–193).

## VII Die Baugestalt des Palastes

Über einer umlaufenden Bank erhebt sich der Bau in längsrechteckiger Form, der beherrschende Eindruck ist allerdings der eines geschlossenen Kubus (Abb. 10–12). Ein weit auskragendes Kranzgesims bekrönt die drei Stockwerke. Mit seiner schieren Höhe von fast fünf Metern und dem Verhältnis zur Gesamthöhe des Palastes von 1:13 ist es auf den ganzen Bau bezogen. Die Höhe der einzelnen Stockwerke scheint nach oben hin abzunehmen. Zieht man zur Betrachtung der Fassade jedoch einen Aufriß hinzu, erweist sich, daß sich die Geschoßhöhen nicht kontinuierlich verringern: Die Höhendifferenz zwischen Erdgeschoß und erstem Obergeschoß fällt wesentlich geringer aus als die zwischen dem ersten Obergeschoß und dem zweiten. Und noch eine weitere Besonderheit wird erkennbar: Die Gesimse zwischen den Stockwerken sind nicht auf die jeweilige Geschoßhöhe abgestimmt, sie werden vielmehr in aufsteigender Folge höher statt niedriger. In doppelter Hinsicht wird hier also mit baukünstlerischen Mitteln dem Phänomen der perspektivischen Verkürzung entgegengewirkt. Wie im Vergleich des Palastes mit der Aufrißzeichnung deutlich wird, spielten bei der Planung solche Effekte offenbar eine große Rolle. Der Bau sollte eine geschlossen erfahrbare Kontur erhalten.

Das erste Geschoß wirkt nahezu genauso hoch wie das Erdgeschoß und wird dadurch als traditioneller *piano nobile* unterstrichen. Hier befanden sich die Wohn- und Repräsentationsräume der Strozzi. Im Gegensatz zum Baumodell, das noch eine deutlichere Höhendifferenzierung vorsah, erhielt dieses Stockwerk eine durchgehende Einwölbung, was als weitere Nobilitierung gewertet werden darf. In einem Gebäude, das wie viele andere Paläste nur sehr sparsam mit Betten, Schränken, Tischen und Bänken möbliert war – die Räume dürften geradezu spartanisch ausstaffiert gewesen sein –, mußten Gewölbe um so beeindruckender erscheinen. Das glciche Strukturprinzip wie die Einwölbung der Räume im Inneren bewirkte außen der Wegfall

*Abb. 10:* Palazzo Strozzi, Fassade von Südosten (Piazza Strozzi)

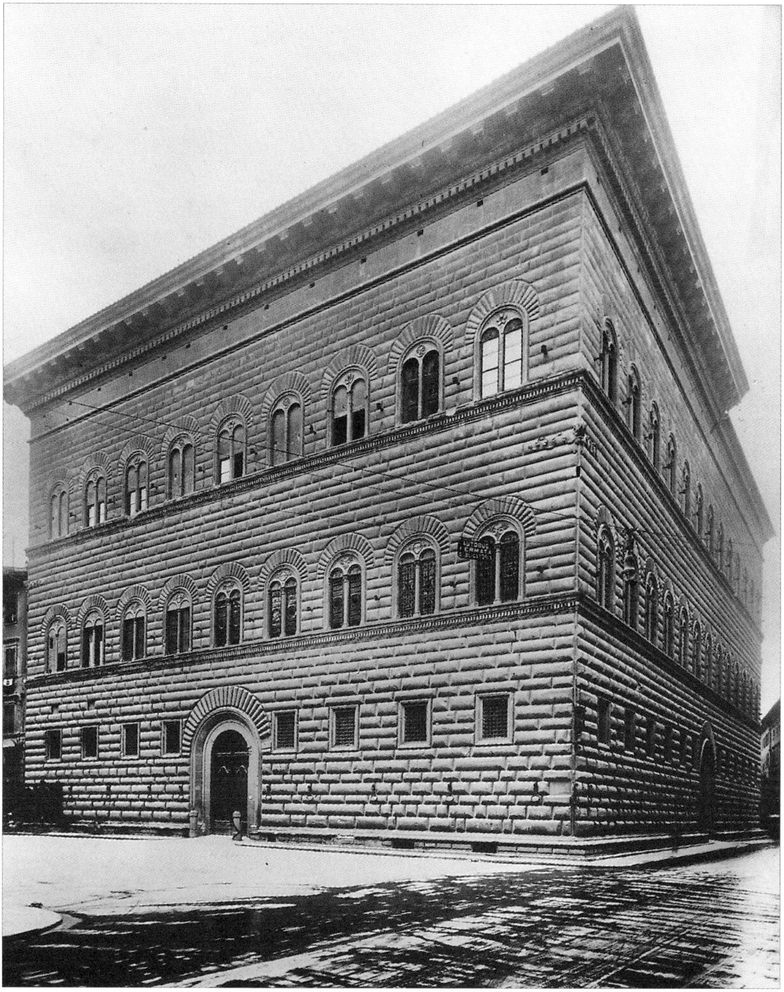

*Abb. 11:* Palazzo Strozzi, Fassade von Nordosten (Via Strozzi)

*Abb. 12:* Palazzo Strozzi, Fassade von Südwesten (Via Tornabuoni)

der Höhendifferenzierung: Das Ziel war die visuelle Überredung des Betrachters.
Die Einheitlichkeit der Gesamterscheinung darf gewissermaßen als *das* Leitprinzip der Architektur des Palazzo Strozzi gelten: Alle Geschosse sind in einem in Farbe und Struktur identischen Stein, der rustizierten *pietra forte,* ausgeführt. Alle geschoßtrennenden Gesimse sind – abgesehen von minimalen Differenzierungen – gleich gestaltet, die beiden Obergeschosse sind von Biforienfenstern in großer Zahl durchfenstert.
Die Rustika eines jeden Stockwerkes wird oben und unten jeweils von einer Profilleiste umrahmt. Diese knickt an den Baukanten um, sie bildet den Rahmen dieses Architekturbildes. Eben diese Wirkung wird Giorgio Vasari vor Augen gehabt haben, als er über die Rustika des Palazzo Strozzi schrieb:

> Ebenso sind alle anderen Steine jenes Palastes so ausgearbeitet und so fest verbunden, daß sie nicht wie aneinander gefugt, sondern wie aus einem Stück erscheinen.[69]

Vasari beschreibt hier offensichtlich ein skulptiertes Relief, ein bildhaftes Ensemble, das nach kompositorischen Gesetzen gefügt ist. Betrachtet man die Details der Verfugung, erkennt man, wie stimmig Vasaris Beschreibung ist. Die Stoßfugen zwischen den einzelnen Bossen sind so eng und die Randschläge einer jeden Bosse so schmal, daß sämtliche Steine zu einem Ganzen amalgamieren. Treten noch die Baukanten hinzu, skandieren die Steine eine gerahmte kontinuierliche Textur als modellierte Außenhaut des Baus.[70]
Die Architektur wie auch Malerei und Skulptur unter gleichem Blickwinkel zu betrachten, war der Renaissance durchaus vertraut, nicht

---

69 »Così anche tutte l'altre pietre di questo palazzo sono tanto finite e ben commesse, ch'elle paiono non murate, ma tutte d'un pezzo« (Vasari, ed. Milanesi, Bd. 4, S. 445. Dt. nach Schorn und Förster, Bd. 3, Teil 1, S. 271).
70 Vgl. die Beschreibung der Fassade bei Tönnesmann (1983), S. 37.

nur Vasari hat die Baukunst solcherart beschrieben. So erklärt Leon Battista Alberti in seinem Malereitraktat:

> Wenn ich mich nicht irre, übernimmt der Architekt vom Maler Architrave, Säulenbasen, Kapitelle, Säulen, Giebel und anderes. Der Steinmetz, der Bildhauer und alle Werkstätten, die mit der Architektur verbunden sind, werden von Regeln und Kunst der Maler geleitet.[71]

Eine Beschreibung der Architektur als Bild oder Relief ist demnach durchaus legitim, man sieht den Bau gleichsam mit den Augen eines Zeitgenossen. Für Architekten und Architekturtheoretiker war ein solcher Zugang zu ihrem Medium essentiell, schließlich konnte damit auch die Architektur zur mimetischen Kunst erklärt werden und so in den Rang der bildenden Künste aufsteigen. Dabei gilt, daß nur die vertiefende Analyse solchen Aufschluß gewährt: Vasari beginnt seine Beschreibung mit den Worten »wie jeder sehen kann« (»come si vede«). Durchaus appellativ gemeint, bedeutet dies, daß man sich dem Experiment der anschaulichen Analyse aussetzen muß.

Bei genauem Hinsehen fällt beim Palazzo Strozzi auf, daß die einzelnen Steinlagen seiner Rustika keinem geordneten Schema folgen. Erst in der obersten Zone des Erdgeschosses erfährt die Fassade eine dynamische Entwicklung, da hier die Quaderschichten kontinuierlich flacher und niedriger werden. Hier wird das Gesims vorbereitet. Verglichen mit der etwa gleichzeitigen Steinhaut des Palazzo Gondi ist die Komposition, das *disegno* der Steinlagen des Palazzo Strozzi weit harmloser, beruhigter und unaufdringlicher (Abb. 13). Überraschenderweise hat sich die Erscheinung der Rustika des Palastes aber erst entwickeln müssen. Die rechte Palastseite hin zur Via Strozzi ist von einem unruhigen Fugennetz überzogen, während die linke regelmäßi-

---

71 »Nam architectus quidem epistilia, capitula, bases, columnas fastigiaque et huiusmodi ceteras omnes aedificiorm laudes, ni fallor, ab ipso tantum pictore sumpsit. Pictores enim regula et arte lapicida, sculptor, omnesque fabrorum officinae omnesque fabriles artes diriguntur« (Leon Battista Alberti, De Pictura, ed. Cecil Grayson, London 1972, Buch 2, Kap. 26, S. 60).

*Abb. 13:* Giuliano da Sangallo, Palazzo Gondi, Florenz. Fassade

ger gestaltet ist: Durchlaufende Schichten gleich langer oder alternierender Bossen reihen sich aneinander, die Fensterzwischenräume sind vollkommen symmetrisch unterteilt. Dieser visuelle Befund läßt sich mit der Baugeschichte in Übereinstimmung bringen, nach der die Mauern an der rechten Baukante früher aufgeführt wurden als die der linken Seite. Offenbar wurde über solche Planungsdetails erst zu einem späteren Bauzeitpunkt entschieden. Verlockend ist die Überlegung, das Baumodell habe hier eine wichtige Rolle gespielt. An ihm konnte man die Verteilung der Steine erproben. Auch Beleuchtungsfragen wurden ja anhand des Baumodells diskutiert. Allerdings hat der daraus resultierende Wunsch nach einer stärkeren Durchlichtung der Räume zu nicht unerheblichen Dissonanzen im Außenaufriß geführt. Zueinander ins Verhältnis gesetzt ergibt sich, daß die Fenster des Erdgeschosses zu den darüberliegenden nicht in einem Achsenbezug stehen, und zudem die große Anzahl von Fenstern zu einem insgesamt unruhigen Erscheinungsbild, ja sogar zu Verschneidungen führt. Man mag diese Beobachtungen ästhetisch werten und in baukünstlerischer Hinsicht die Fassade des gleichzeitig begonnenen Palazzo Gondi für gelungener halten – und tatsächlich hat der Palazzo Strozzi in der folgenden Entwicklungsgeschichte der Architektur keine Rolle gespielt –,[72] wichtig für unseren Zusammenhang ist die Wirkung der Fassade: Die Außengestalt des Palastes zielt auf eine homogene, blockhafte Wirkung, wobei die ornamentale Verwendung der Rustika entscheidend ist.

Der Palazzo Strozzi war nach seiner Fertigstellung im Jahre 1534 nur von einer Seite aus sichtbar. Im Norden begrenzte ihn die enge Via Ferravecchi (heute Via Strozzi), im Osten hatte die Piazza degli Strozzi noch nicht ihre heutige, großzügige Form angenommen, und im Süden setzte sich die noch einmal schmaler gewordene Via degli Anselmi fort. Hier ziert den Palast auch keine architektonisch instru-

72 Für einen ausführlichen Vergleich beider Palastfassaden in diesem Sinne vgl. Tönnesmann (1983), S. 33–41.

mentierte Fassade, eine Ansichtigkeit oder gar Freistellung war also nicht beabsichtigt. Die anderen drei Fassaden sind dagegen voll ausgebildet, auf ihre freie Ansicht dürfte von Anfang an spekuliert worden sein, jedenfalls hatte Filippo Strozzi schon einmal vorsorglich die Grundstücke zur Freistellung erworben.[73] Solches suggeriert auch Lorenzo in der Vita des Vaters, wenn er schreibt, dieser hätte, was allein durch dessen Tod verhindert wurde, die Straßen um den Palast verbreitert (Dok. I, Z. 83). Über ein ähnliches Verfahren, den Palast zu exponieren, berichtet Filarete, wenn er von der Absicht der Medici schreibt, die ihrer Mailänder Bankfiliale gegenüberliegenden Häuser abreißen zu lassen, um den Bau prominenter hervorzuheben.[74]
Noch wichtiger ist, daß sich der Palast in vier Portalen öffnet, deren hierarchische Abstufung schon von den Zeitgenossen erkannt wurde. So schreibt etwa Bartolomeo Masi in seinen Erinnerungen aus dem zweiten Viertel des Cinquecento:

> Der Palast verfügt über vier Portale. Das mittige Hauptportal und die Hauptfassade gehen zur Kirche S. Trinita, ein anderes Portal auf die Via de'Ferravecchi, ein weiteres gegen die Kirche S. Maria Ughi und das Vierte, das Botenportal, auf ein rückwärtiges Gässchen, das auf die Straße vor S. Trinita führt.[75]

Obwohl Masi so genau beobachtete, entging ihm, daß es zwischen den Portalen einen bezeichnenden architektonischen Unterschied gibt. In der Tat darf die Westseite des Palastes, die zur Via Larga di S. Trinità (heute Via Tornabuoni) gelegen ist, als Hauptseite bezeichnet werden, und das nicht nur, weil sie auf eine zentrale Prozessionsstraße ausgerichtet einer Kirche gegenüber gelegen war (Abb. 12). Im

73 Vgl. Elam (1985), S. 106.

74 Filarete, ed. Finoli und Grassi, Bd. 2, S. 703.

75 »El quale palazzo [...] à quattro porte, e la porta principale del mezzo e la facciata principale rispondono verso santa Trinità; et un'altra porta sí à di in sulla via de' Ferravecchi, et un'altra di verso santa Maria Ughi, e l'ultima, ch'è la porta delle bestie, si è dalla banda di drieto del palazzo per la via istretta che va in verso santa Trinita« (Masi, ed. Corrazzini, 1906, S. 14).

Abb. 14: Michelozzo di Bartolomeo, Palazzo Medici, Florenz. Fassade

Gegensatz zu den anderen Portalen erhebt sich der Eingang über vier Stufen, er war also ganz sichtbar dem Straßenniveau enthoben. Daß solche, vom Architekten bewußt eingesetzten Motive zur visuellen Bedeutungssteigerung auch bemerkt werden konnten, belegt z. B. die Beschreibung der Kathedrale von Pienza durch Pius II. Dort bildet die Schilderung des Platzes und der drei Stufen, die zur »Tempelfront« führen, den Introitus zur Würdigung der Kathedrale.[76]
Und noch eine weitere architektonische Akzentsetzung dürfte die Aufmerksamkeit des damaligen Betrachters gefordert haben: Auf den Gebäudekanten sind im ersten Obergeschoß, am *piano nobile,* die Wappen des Auftraggebers angebracht. Das Wappen sitzt exakt auf dem Schnittpunkt der Fassaden, die Bänder des Wappenschildes schlängeln sich auf die Flanken der Palastmauern. Damit wird das Wappen an der Gebäudekante zu einem Blickfang. Erstmals taucht dieses Motiv wohl am Palazzo Medici auf, der im Jahre 1444 begonnen wurde (Abb. 14). Abgesehen vom schmückenden Effekt, der diesen Bauteil akzentuiert und damit die Architektur überhaupt als dreidimensionales Gebilde erfahrbar macht, ist das Wappen zugleich ein ehrenvolles Memento für den Auftraggeber. Noch an weiteren Stellen taucht das Wappen auf, in Gänze oder reduziert auf seine drei Halbmonde: in den Bogenscheiteln der Biforienfenster des *piano nobile.* Im zweiten Obergeschoß dagegen, wo es ohnehin kaum mehr sichtbar wäre, sind an gleicher Stelle stilisierte Blumen situiert. Ganz offensichtlich ging es also den Strozzi darum, an ihrem Palast auf ihren Namen durch das Wappen als »Hauptträger familiärer Repräsentation«[77] zu verweisen. Dieser Verweis hatte in Florenz Tradition, bemerkenswert ist hier allerdings, daß am Strozzipalast nur die Familie heraldisch überliefert wird, nicht dagegen – etwa durch eine Imprese – die Person des Auftraggebers Filippos.

---

76 Der Text bei Andreas Tönnesmann, Pienza. Städtebau und Humanismus, München 1990, S. 129.
77 Tönnesmann (1993), S. 83.

## VIII Die Architekten

Mit einer unverhüllt biologischen Metaphorik hat der Architekturtheoretiker und Architekt Filarete (er schrieb seinen berühmten Traktat in den sechziger Jahren des 15. Jahrhunderts) Bauwerke als Produkte eines Vaters, des Auftraggebers und einer Mutter, des Architekten, beschrieben. Der Architekt denkt über den Entwurf »neun [...] Monate nach [...], macht mehrere Zeichnungen« und trägt ihn auf diese Weise aus.[78] Mit großer und selten erreichter Anschaulichkeit beschreibt Filarete hier ganz grundsätzlich die komplexen Entstehungsbedingungen von Architektur.[79] Das Leitmotiv des Traktates, der vom Bau der Idealstadt Sforzinda handelt, ist der imaginäre Dialog zwischen Bauherren und Architekten. Wie idealisiert auch immer ein solches Gespräch von Filarete vergegenwärtigt wird, es muß ähnlich intensiv und kontinuierlich zwischen Filippo Strozzi und seinem Baumeister geführt worden sein.

Die Schriftquellen, die konkret über die Entstehung des Palastes berichten, bilden natürlich nur einen kleinen Ausschnitt der historischen Wirklichkeit ab. In der Vita Filippos liegt der Schwerpunkt ausdrücklich auf dem Auftraggeber (Dok. I), vergleichbar anderen Texten, die von prominenten Kunstpatronen verfaßt wurden, so etwa dem *Zibaldone* Giovanni Rucellais. Filippo macht sich laut der Vita kompetent Gedanken über die Erscheinung des Palastes, trifft Entscheidungen und übt sich sogar in eigenen Entwürfen. Die Architekten und Maurer hingegen werden marginalisiert und auf die Rolle von Zulieferern reduziert. Als weit entscheidender wird das Gespräch mit Lorenzo de' Medici gewertet, mit dem Filippo vor allem die zentralen, die Wirkung des Palastes betreffenden Baudetails bespricht. Der Bauherr

---

78 »Nove [...] mesi fantasticare e pensare [...], e fare varii disegni« (Filarete, ed. Finoli und Grassi, Bd. 1, S. 40).

79 Vgl. dazu etwa Peter Tigler, Die Architekturtheorie des Filarete, Berlin 1963 (Münchner Beiträge zur Kunstgeschichte, Bd. 5), S. 106–124.

wird in der Vita seines Sohnes zu einer Autorität in architektonischen Fragen stilisiert. In der Nachfolge König Salomos, welcher der Ahnherr aller bausachverständigen Auftraggeber ist,[80] wird Filippo in der Vita gleichsam selbst zum Architekten, was nicht zuletzt in seiner Fähigkeit, zeichnen zu können, begründet zu sein scheint. Nicht nur hier wird man das panegyrische Lob auf Filippo als Topos identifizieren müssen. Seine Einsetzung findet ihre Erklärung darin, daß die Vita nicht unterscheiden will zwischen dem geld- und wohl auch ideengebenden Auftraggeber und dem baukünstlerisch und bauorganisatorisch versierten Architekten. Doch im Falle Filippo Strozzis wird man dennoch davon ausgehen dürfen, daß der Bauherr tatsächlich in hohem Maße die Gestalt des Palastes mitbestimmt hat.[81] Die schriftliche Überlieferung macht es indes schwierig, den Anteil des ausführenden Architekten und des Bauherren zu bestimmen.
Vor vergleichbare Interpretationsschwierigkeiten stellt uns das konkrete Vorbild für die Stilisierung Filippos zum Architekten, nämlich Lorenzo de' Medici. Dieser hat in den Jahren 1470 bis 1490 zahlreiche Bauprojekte in Florenz und außerhalb bestimmt, beeinflußt oder gar selbst finanziert.[82] Obwohl keine Zeichnungen von seiner Hand überliefert sind, wird er immer wieder auch als Zeichner charakterisiert, so wie er in den Augen der Zeitgenossen zum Architekten der von ihm beauftragten Gebäude gerät. Dieser Ruhm überschattet oftmals den Namen des entwerfenden Architekten.

Ganz nüchtern dagegen berichtet Giorgio Vasari von der Entstehung des Palazzo Strozzi (Dok. IV). Seine Schilderung beginnt mit der Per-

---

80 Vgl. dazu zuletzt Paul von Naredi-Rainer, Salomos Tempel und das Abendland. Monumentale Folgen historischer Irrtümer, Köln 1994, S. 116f. et passim.

81 Keineswegs darf man den Topos des entwerfenden Bauherren zum Mythos erklären, wie jüngst noch einmal von Michael Lingohr betont worden ist (1997, S. 29). Ohne Zweifel war nämlich auf seiten der gebildeten Auftraggeber mit fundierten Kenntnissen auf dem Gebiet der Architektur zu rechnen.

82 Vgl. dazu zusammenfassend Markschies (2000), Kap. IV, 3.

son des Auftraggebers und seinen Motiven, den Bau des Palastes zu beginnen – ein »schöner Palast« soll der Vaterstadt Florenz wie auch seinen Kindern als Zeichen des Gedächtnisses hinterlassen werden. Vasari setzt den Bericht fort mit der Nennung des Architekten Benedetto da Maiano. Von diesem soll das Modell des Palastes stammen, das dann zur Ausführung gelangte. Benedetto habe auch das Äußere des Baus begonnen, das von Cronaca dann weitergeführt und vollendet wurde. Die Hervorhebung der Künstlerpersönlichkeiten ist Vasari naturgemäß wichtiger als die genaueren Umstände der Entstehung des Palastes. Auch das führt zu Verkürzungen, wenngleich zu anderen als in der Vita des Bauherren. Zudem irrt sich Vasari, wenn er Benedetto da Maiano zum Architekten des Palastes erklärt.
Aus den Rechnungsbüchern wissen wir, daß Giuliano da Sangallo für die Anfertigung des Baumodells bezahlt wird.[83] Ob Giuliano da Sangallo dagegen als der entwerfende Architekt des Palastes bezeichnet werden kann, ist fraglich. Verglichen mit Bauten Giuliano da Sangallos, bei denen seine Autorschaft als zweifelsfrei angesehen werden darf (Abb. 13), zeigen sich so grundlegende Unterschiede in Struktur, Qualität und Auffassung von Architektur, daß eine Zuschreibung des Palazzo Strozzi an ihn verläßlich ausgeschlossen werden kann. Als Autor weitaus plausibler erscheint indes der durch vergleichende Stilanalyse ermittelbare Giuliano da Maiano.[84] Mit dessen architektonischem Hauptwerk, dem Palazzo Spannocchi in Siena, weist der Palazzo Strozzi zahlreiche Gemeinsamkeiten auf. Diese in der Sekundärliteratur nicht ohne Polemik diskutierte Zuschreibungsfrage soll hier nicht aufgegriffen werden. Für unseren Zusammenhang wichtiger ist der Architekt, der den Bau des Palastes nach dem Tod des Auftraggebers fortgeführt hat und für die Neuerungen im Bauverlauf dem Modell gegenüber zuständig war. Höchstwahrscheinlich stammt zudem von ihm das zweite Teilmodell. Es handelt sich um den be-

83 Lepik (1994), S. 101ff.
84 Tönnesmann (1983), S. 115–117.

reits erwähnten Simone di Tommaso del Pollaiuolo, genannt *il Cronaca* (1457–1508).[85]

Vasari schreibt, daß Cronaca für die Stelle des Bauleiters am Palazzo Strozzi vorgeschlagen worden war, benennt allerdings nicht den Verantwortlichen für diese Berufung. Es wird sich wohl um den Stiefvater Cronacas handeln, der Bauleiter des Palazzo Strozzi war. Als ausgebildeter Steinmetz überwachte und koordinierte Cronaca fortan sämtliche Tätigkeiten, die den Stein betrafen: Er betreute die Steinbrüche, führte Buch über die von dort abgehenden Steintransporte, engagierte, entließ und überwachte die Steinmetze und fertigte nachweislich auch Zeichnungen und Baumodelle. In diesen Funktionen ist er von 1490 bis in den Oktober 1504 nachweisbar und wird so auch maßgeblich für die äußere Gestalt des Palastes verantwortlich gezeichnet haben.

Cronaca zählt in diesen Jahren zu den am häufigsten beschäftigten Architekten in Florenz. Gemeinsam mit Giuliano da Sangallo (1445–1516) errichtete er die Sakristei von S. Spirito, mit Antonio da Sangallo d. Ä. (1460–1534) schuf er den neuen Ratssaal im Palazzo della Signoria. Im Jahre 1495 avancierte er zum Bauleiter des Florentiner Doms, an dem – nach der Kernbauzeit im 13. und 14. Jahrhundert und der Errichtung der Kuppel durch Brunelleschi – wie häufig bei solch monumentalen Bauprojekten noch immer rege Bautätigkeit herrschte: Nach Cronacas Planungen wurde etwa der Fußboden in den Chorumgangskapellen ausgeführt, er entwarf zudem ein Modell für die Gestaltung des Äußeren der Domkuppel. Cronacas architektonisches Hauptwerk in Florenz stellt jedoch die Konventskirche S. Salvatore e S. Francesco al Monte für den relativ jungen Orden der Franziskanerobservanten dar.[86] Er errichtete eines der schönsten Werke der Spätrenaissance in Florenz, das gleichzeitig im Spannungsfeld zwischen dem Armutsideal des Ordens und den Repräsentationsbedürf-

85 Zu Cronaca vgl. Alexander Markschies, Cronaca, in: Allgemeines Künstler-Lexikon, Bd. 22, München/Leipzig 1999, S. 407f.

86 Vgl. zu diesem Bau Markschies (2000).

nissen des Stifters das Angemessenheitsideal von Ordensarchitektur neu definiert. Zudem erfüllt der Bau eine der zentralen Forderungen der Zeit, die auch im Zusammenhang des Palazzo Strozzi noch zu erörtern ist, nämlich zur Verschönerung der Stadt beizutragen. Auch Giorgio Vasari beschreibt Cronaca als bedeutenden Architekten und wiewohl er in den neunziger Jahren der am höchsten bezahlte Baukünstler war, lagen seine jährlichen Einkünfte von 800 Florin unter denen eines Mitgliedes des niederen Patriziats.[87] Trotz seines offenbar beachtlichen Ruhmes findet sein Name in der Vita des Bauherren keine Erwähnung. Der Palazzo Strozzi bleibt dort ein anonymer Bau.

87 Goldthwaite (1973), S. 133.

# IX Die Motivation des Bauherren

Filippo Strozzi wurde, wie sein Vater in seinen privaten Aufzeichnungen vermerkte, am 4. Juli 1428 geboren.[88] Der Vater, Matteo Strozzi, zählte innerhalb der weitverzweigten Familie Strozzi nicht zu den tatsächlich Reichen, war jedoch wohlhabend und verfügte über einen nicht unerheblichen politischen Einfluß. Seine Mutter, Alessandra Macinghi, wurde nach dem frühen Tod des Vaters zu einer wichtigen Bezugsperson des jungen Filippo.[89] Über ihren Witwenstand schreibt sie am 13. Juli 1449:

> Ich bedenke, wie ich in jungen Jahren allein auf der Welt zurückgeblieben bin, wie Ihr wohl wißt, mit der Aufgabe, fünf Kinder von zartem Alter großzuziehen.[90]

Die Strozzi gehörten zu dem kleinen Kreis der Familien, die seit über hundert Jahren die Geschicke der Stadt bestimmten. Matteo war Provveditore dei Dieci di Balìa (eines Gremiums, das vor allem die auswärtige Politik von Florenz bestimmte) und in den zwanziger und frühen dreißiger Jahren Gesandter der Stadt Florenz: in Venedig, bei Francesco Sforza in Mailand sowie bei den Signorien von Faenza und Piombino.[91] Kurz bevor Matteo jedoch das höchste Amt der Republik, das des *gonfalionierato di giustizia,* erreichen sollte, ereilte ihn als Gegner der Medici im Jahre 1434 das gleiche Schicksal wie viele der anderen Oligarchen: Er wurde von Cosimo de' Medici ins Exil gedrängt, sein Bestimmungsort war Pesaro. Das Leben dort war ihm

---

88 »Filippo … nacque a dì 4 di luglio '428 a hore 22,1/2« (zit. nach Pampaloni 1963, S. 29, Anm. 9).

89 Von Alessandra kann auf der Grundlage ihrer umfangreichen Korrespondenz der Jahre 1447 bis 1470 ein anschauliches Bild gezeichnet werden, Friederike Hausmann hat jüngst ein Buch über sie geschrieben (1993); vgl. auch Ann Morton Crabb, A Patrician Family in Renaissance Florence. The Family Relations of Alessandra Macinghi Strozzi and her Sons, 1440–1491, Ann Arbor 1983.

90 Alessandra Strozzi, übers. Doren, S. 14.

91 Pampaloni (1963), S. 30f.

schwer erträglich, wie er seiner Frau mit einer an das Exil Ovids erinnernden Rhetorik schreibt:

> Deshalb bin ich so bedrückt, daß ich kaum zu atmen vermag. Wer wäre so eisern oder gar stählern, daß es ihn nicht bewegte, mit der Heimat auch die ehrlich ererbten oder erworbenen Güter zu verlieren; dazu die hocherfreuliche Zahl von Bluts- und anderen Verwandten, die mit der Heimat zurückgelassen wird; die überaus süße Unterhaltung mit den seit früher Jugend erworbenen Freunden, die der Verlust der Heimat unterbricht; und weiter die seit langer Zeit bestehende Klientel?[92]

Einzelne Mitglieder der Strozzi-Familie durften zwar in Florenz bleiben, das Leben wurde ihnen jedoch schwer gemacht, so daß nicht wenige die Stadt bald freiwillig verließen. Über Lorenzo, einen der Söhne des bedeutendsten Strozzi, Palla Strozzi, schreibt Vespasiano da Bisticci:

> Lorenzo blieb nach des Vaters Abreise in der Stadt zurück, in einer Verfassung, wie man sich vorstellen mag, unter der Wucht der wiederholten Schicksalsschläge. Es erging ihm wie allen jenen in ähnlicher Lage, die keiner ansieht und mit denen keiner redet, als wären sie Juden oder Exkommunizierte oder Schlimmeres. In solcher Not wandte sich seine tugendhafte Frau, die sich allen Beistandes bar sah, an Gott den Allmächtigen und an die glorreiche Jungfrau mit Gebet und frommen Übungen. Selten kam ihr Mann nach Hause, ohne daß er von neuem Schimpf und von Beleidigungen durch Wort und Tat zu berichten und in Gegenwart der armen Frau zu klagen gehabt hätte.[93]

---

92 »Ex qua re adeo premor, ut vix valeam respirare. Quisnam adeo ferreus aut adamantinus esset, quem non sua fortunae bona, honeste sibi aut relicta aut acquisita, una cum patria amissa; quem non propinquorum affiniumque iocundissimus numerus, qui una cum patria derelinquitur; quem non amicorum ab ineunte aetate sibi vendicatorum suavissima conservatio, quae una cum amissione patriae ruit; quem non clientelae vetustissimae moverent?« (zit. nach Alessandra Strozzi 1877, S. XXI sq.).

93 Vespasiano da Bisticci, Lebensbeschreibungen berühmter Männer des Quattrocento, übers. von Paul Schubring (Das Zeitalter der Renaissance. Ausgewählte Quellen zur Geschichte der italienischen Kultur, hg. von Marie Herzfeld, II. Serie, Bd. II), Jena 1914, S. 361.

Bei den Strozzi waren noch Jahrzehnte nach der Rückkehr aus dem Exil und der Aussöhnung mit den Medici – sie profilierten sich inzwischen politisch weniger und zeigten unbedingte Loyalität – die Erinnerung an die tiefen Demütigungen gegenwärtig, die die Exilierung mit sich gebracht hatte. Durch die 25 Jahre andauernde Verbannung war die Familie ihres politischen und gesellschaftlichen Einflusses beraubt worden. Da man gleichzeitig mit der Exilierung auch eine Kaution zur Einhaltung der Verbannungsauflagen zu stellen gezwungen war, erlitt die Familie immensen finanziellen Schaden. Matteo mußte mit einer auf 2000 Gulden festgesetzten Kaution etwa die Hälfte seines Vermögens hinterlegen, das er nicht zurückerhalten sollte.

Alessandra mußte nach Matteos Tod als alleinstehende Mutter von fünf Kindern in eher ärmlichen Verhältnissen die Existenz der Familie sichern.[94] So war sie gezwungen, Grundstücke aus Familienbesitz zu verkaufen. Immer wieder berichtet sie in ihren Briefen von den Belastungen und Gefährdungen: Pestwellen bedrohen das Leben, ihre Töchter sind nur schwer zu verheiraten, von der Verwandtschaft ist keine Unterstützung zu erwarten, das Landgut wirft kaum Gewinn ab und von einer angemessenen Haushaltung kann keine Rede sein. Am bedrohlichsten sind jedoch die Schulden, über die sie häufig ihrem Sohn Filippo klagt:

> Ich habe, sollst Du wissen, 240 Gulden Schulden und werde von nicht weniger als vier verschiedenen Ämtern belästigt, die Geld für die Gemeinde einzutreiben haben. Seit sechs Monaten habe ich nichts anderes zu tun gehabt, als von einer Behörde zur anderen zu laufen. Endlich bin ich, Gott sei Dank, mit ihnen übereingekommen, bis Ende Februar alles in allem im Monat ungefähr neun Gulden abzubezahlen. Die neue Steuerumlage erwartet man hier für den Oktober; und wenn es nach Recht und Billigkeit geht und keine Willkürumlage auf Witwen und Unmündige umgelegt wird, so habe ich höchstens zwei Gulden zu bezahlen und werde dann nicht so große Schulden machen müssen.[95]

---

94 Vgl. dazu zusammenfassend Hausmann (1993), S. 41–53.

95 Briefe, ed. Doren, S. 2f. (24. August 1447).

Es mußte das geradezu obsessiv verfolgte Ziel Filippo Strozzis sein, die beschädigte Familienehre und das Ansehen des Hauses wiederherzustellen. Daß er dabei zum führenden Familienmitglied der Strozzi wurde, haben bereits seine Verwandten vorausgesehen. Am 20. Oktober 1477 schreibt Michele di Carlo Strozzi an ihn:

> Ihr habt erfüllt und werdet erfüllen die Rolle des vollendeten Verwandten und guten Freundes; wie der gute Familienvater seid Ihr der Unterstützer und Wohltäter des ganzen Hauses Strozzi [...] Wir anderen Strozzi müssen zu Gott beten, daß er Euch lange am Leben erhält und Euch Glück und Ansehen verleiht, denn gerade Euer hohes Ansehen gereicht allen Strozzi zur Ehre.[96]

Die Lebensaufgabe, zum Wohltäter der Strozzi zu werden, hatte ihm offensichtlich bereits die Mutter gestellt, die sich vom ältesten Sohn erhoffte, daß er »das Haus wieder in die Höhe bringen und mich zufrieden machen« werde.[97] Mit dem Wort Haus (ital. »casa«) ist zunächst nur die Familie gemeint, in einem ihrer aussagekräftigsten Briefe an Filippo nimmt Alessandra jedoch ganz konkret Bezug auf den Familienpalast, indem sie den Zukauf eines weiteren Gebäudes empfiehlt:

> Das Haus [...] stößt mit zwei Seiten an unseres; es liegt an der Ecke der rückwärtigen Straße, zwischen dem Stall und unserem Zimmer zu ebener Erde. Auch geht die Mauer besagten Hauses auf unseren Hof; denn wenn man in den Hof kommt, ist rechter Hand unser altes Haus, und auf der anderen Seite bei dem Hinterausgang liegt, wie Du weißt, unser Stall, und an der linken Seite führt die Mauer des besagten Hauses entlang [...] Das sage ich Dir aber: könnte ich mir das Geld beschaffen, so würde ich es mir nicht aus den Händen gehen lassen. Wenn es jemand anders kauft

96 »Avete facto e fate l'offitio del perfecto parente e buono amico, e chome fautore e benefactore di tutta la casa degli Strozzi chome buon padre della famiglia ... abbiamo noi altri Strozzi da preghare Iddio vi conservi lungho tempo e dievi felicità e stato perchè lo stato vostro è la gloria di tutti li Strozzi« (zit. nach Kent 1977, S. 313, Anm. 8).

97 Briefe, übers. Doren, S. 26 (8. Februar 1450).

> und dort eine Mauer aufführt, so wird uns das Licht für die Küche im Erdgeschoß, für den Hof und das ganze nach hinten gelegene Erdgeschoß abgeschnitten. Und unser Haus würde nichts mehr wert sein, wenn es das Licht vom Hofe her verlöre [...] Zeige Niccolò diese Stelle [des Briefes], denn er versteht das besser und wird sich des Häuschens besser erinnern als Du. Die Ausgabe würde etwa 70 Gulden betragen, weil es sechs Gulden Miete abwirft. Den genauen Preis kann ich Dir nicht schreiben; denn mit diesem zugleich ist das Haus der Madonna Maddalena oder vielmehr das des Grafen von Poppi verkauft worden [...] Wäre ich schon im Jahre 50, so wie ich im Jahre 1448 bin, ich ließe es mir nicht entgehen; dann würde ich es mit dem Geld bezahlen, das ich von der Stadt wiederzubekommen habe. Denn unser Haus würde sehr an Wert gewinnen. Ich sage das nicht für mich, mir bleibt nur noch kurze Zeit zu leben: sondern für Euch und Eure Nachkommen, denn auch diese Mühsal wird einmal vergehen. Mit jenem Häuschen könnte man dieses ergänzen, und dann wäre es das schönste Haus im Viertel.[98]

Filippo wird hier aufgefordert, den alten Palast als Keimzelle der Familie zu respektieren, seine Beleuchtung zu bedenken und vor allem durch Zukauf das Grundstück zu vergrößern, was er später auch tun sollte: Im Jahre 1478 erwarb er besagtes Grundstück.[99] Alessandra ging es freilich nicht nur um das Eigeninteresse und um reine Werterhaltung, vielmehr war es ihr Ziel, die herausragende Stellung der Familie wiederherzustellen und auf Dauer zu sichern. Das neue Prestige der Familie sollte nunmehr anschaulich gemacht werden. In allen Punkten ist Filippo diesen Empfehlungen gefolgt, baute zunächst den alten Palast um und übertraf sogar durch den Neubau die Wünsche seiner Mutter. Daß es Filippo Strozzi bei seinen Unternehmungen um die Wiederherstellung der Bedeutung und Größe der Sippe ging, zeigt nicht zuletzt auch der Rückkauf des ehemaligen Familienbesitzes,[100] den Alessandra teilweise hatte veräußern müssen.

---

98 Briefe, übers. Doren, S. 13 (4. November 1448).

99 Siehe Pampaloni (1963), S. 44, Anm. 54 (3. März 1478).

100 Amanda Lillie, Vita di Palazzo, Vita in Villa. L'Attività edilizia di Filippo il Vecchio, in: Palazzo Strozzi. Metà Millennio 1489–1989. Atti del Convegno di Studi, Firenze, 3.–6. Juli 1989, Rom 1991, S. 167–183, hier S. 168f., 174f.

Die erfolgreiche Betätigung Filippo Strozzis als Geschäftsmann in Neapel bildete die finanzielle Basis für seine Unternehmungen. Hier hatte die Strozzi Bank 1447 eine Filiale eröffnet, deren Leitung Filippo bald übernehmen sollte. Die Bank kam rasch zu großem Ansehen und zählte zu ihren Kunden den Papst und den König von Neapel: Es waren die Strozzi, die Alfons von Aragon mit einem hohen Kredit dessen endgültige Durchsetzung in Neapel ermöglichten. Auch für das politische Handeln gab Alessandra Macinghi Filippo opportune Empfehlungen:

> Laß Dir aber gesagt sein: wer mit den Medici ging, hat immer – so höre ich – das Rechte erwählt, und wer mit den Pazzi ging stets das Gegenteil: die sind immer unter die Räder gekommen. Sei's Dir zur Warnung.[101]

Durch die klug gewählte Koalitionsbildung verband sich Filippo Strozzi immer enger mit den Medici, so daß er im Jahre 1466 – offiziell aus der Verbannung entlassen – endlich wieder nach Florenz zurückkehren konnte. Aus Siena schrieb er der Mutter: »Sorgt dafür, daß es zum Abendessen etwas anderes als Wurst gibt.«[102]

Erst die politischen Verbindungen zu Lorenzo de' Medici erlaubten Filippo Strozzi die Errichtung eines im Stadtbild so unmaßstäblich wirkenden Palastes. Das darf vorbehaltlos angenommen werden, denn über die von ihm selbst als Auftraggeber verantworteten Gebäude hinaus war Lorenzo in nahezu jedes prominente Neubauprojekt im Florenz des letzten Jahrhundertviertels involviert. Nicht selten wurde seine Meinung eingeholt: Niccolò Valori schrieb um 1517, viele majestätische Bauten seien »nach seinem Rat errichtet worden.«[103] Er

---

101 Briefe, übers. Doren, S. 110f. (15. März 1462).

102 »Fate che vi sia da cena altro che salsiccia, come mi mandaste a dire« (zit. nach Lettere, ed. Guasti, S. 582).

103 »Curavit etiam, ut urbs aedificiis novis repleretur, atque ornaretur, quo tempore Platonis dictum verum apparuit affirmantis tales cives fore, qualis eorum est Princeps. *Multi enim multa regia aedificia de Laurentii consilio extruere,* in quibus Philippi

nennt dabei ausdrücklich den Palazzo Strozzi, für den ja die Ratschläge Lorenzos durch den *ricordo* Lorenzo Strozzis überliefert sind. Weiter anführen lassen sich zudem die Fassade und die Sakristei von S. Spirito, die Annexrotunde der Kirche SS. Annunziata, der Palazzo Gondi sowie der Fassadenwettbewerb für den Florentiner Dom von 1490/91.[104] Lorenzo war also, wie an dieser Zahl von illustren Bauten oder Bauprojekten deutlich wird, eine bedeutende Autorität in architektonischen Fragen. Mit panegyrischen Worten hatte Vespasiano da Bisticci bereits über Lorenzos Großvater, Cosimo, geschrieben, dieser habe

> sich außerordentlich gut auf die Baukunst verstanden, wie man an mehreren Gebäuden sehen kann, deren Errichtung von ihm veranlaßt wurde. Nichts nämlich wurde gemauert oder sonstwie gemacht, ohne daß man sich seiner Meinung und seines Urteils versichert hätte. Einige, die etwas zu bauen hatten, gingen ihn um sein Gutdünken und seinen Rat an.[105]

Über die öffentliche zeitgenössische Wirkung des Palastes und die Intentionen des Bauherren gibt nicht zuletzt die Vita Auskunft (Dok. I). Sie wurde lange Zeit nach dem Tod Filippo Strozzis verfaßt, die Schilderung der Entstehungsgeschichte des Palastes ist also retrospektiv. Sie versucht, seine Erscheinung historisch zu erklären und auch zu rechtfertigen. Dabei gibt sie, wie sich anhand von anderen Textzeugnissen erweisen läßt, ein authentisches Bild der Entstehungsgeschichte des Palastes. Alle Topoi der Architekturbeschreibung des 15. Jahrhunderts finden auch in ihr Verwendung.

Ausgangspunkt des hier relevanten Textabschnitts ist die Sorge des Auftraggebers, daß der Palast den Neid Lorenzo de' Medicis – er wird als »derjenige, der regiert« tituliert – erregen könnte. Kunstwerke,

---

Stroctiae insulares aedes ... De modulo Philippus Laurentium consuluit, qui quidem aderat omnibus super hac re operam suam cupientibus, nec civilibus solum, sed etiam externis« (zit. nach Alessandro Parronchi, Il modello del Palazzo Strozzi, in: Rinascimento 9, 1969, S. 95–116, hier S. 103f.).

104 Dazu zusammenfassend Markschies (2000), Kap. IV, 3.

105 Vespasiano da Bisticci, übers. Roeck, S. 334.

die innerhalb eines Systems visueller Argumentationsstrategien ein hohes Maß an Repräsentationspotential in sich bargen, konnten – je anspruchsvoller sie erschienen – desto vehementeren Widerspruch auslösen. Sie konnten im Vergleich zu anderen Projekten prächtiger wirken und folglich Neid erwecken. Konkurrenz und Neid aber mußten innerhalb eines politischen Systems, das vornehmlich auf dem Ausgleich der Kräfte basierte, vermieden oder zumindest kanalisiert werden. Für Filippo Strozzi galt es also, besondere Achtsamkeit walten zu lassen, schließlich war ihm die Rückkehr aus der Verbannung erst nach einer langen Zeit der Bewährung ermöglicht worden. Seine Florentiner Existenz basierte auf der unbedingten Loyalität zu den Medici.

Es gibt nach heutigem Wissen kein architektonisches Projekt im Florenz des 15. Jahrhunderts, das – zur Vermeidung von Neid – nicht realisiert worden wäre. Im rhetorischen Diskurs über Architektur wird jedoch zumindest die Absicht, Neid nicht aufkommen zu lassen, als zentrales Argument verwendet. Ziel ist dabei immer die Rechtfertigung von Bauprojekten. Je geschickter man die Argumente vortrug, desto aufwendiger konnte der Bau werden. Geradezu entlarvend offenherzig berichtet Filippos Sohn in der Vita von solchen Diskursstrategien, wenn er schreibt, daß sein Vater während der Bauvorbereitung »Gerüchte gestreut« habe.

> Weil Lorenzo de' Medici fürchten könnte, eines anderen Ruhm würde den seinen verdunkeln, sorgte Filippo Strozzi sich, etwas hervorzubringen, was Neid auf ihn erzeugen würde. Deshalb begann er, das Gerücht zu verbreiten, daß er viele Kinder und eine solch kleine Behausung hätte, daß er, zumal er sie gezeugt hatte, auch darüber nachdenken müßte, wo sie wohnen könnten, und daß es viel besser wäre, dies zu Lebzeiten machen zu können, als nach seinem Tode.

Für Cosimo de' Medici heißt es, dieser habe ein zu großartig erscheinendes Projekt Brunelleschis zurückgewiesen, bei dem vorgesehen war, einen auf vier Seiten freistehenden Familienpalast gegenüber der Fassade der Familienkirche S. Lorenzo zu errichten. Aus Angst vor der Mißgunst der Mitbürger – mithin also die öffentliche Meinung – habe Cosimo auf das Projekt zugunsten eines bescheideneren nach dem Modell des Architekten Michelozzo verzichtet.[106] Tatsächlich ist aber die Erscheinung des realisierten Palazzo Medici alles andere als bescheiden: Größe und Lage des Palastes, seine Fenster und nicht zuletzt das an ihm verwendete Bossenmauerwerk machen ihn zu einem Bau mit imperialem Anspruch (Abb. 14): Bossen waren zusammen mit Biforienfenstern ein Zeichen höchster politischer Ambitionen.[107] Ihre Verwendung war in den Zeiten nach der Pazziverschwörung, als Lorenzo zu nahezu unumschränkter Autorität gelangt war, nicht mehr statthaft. So zeigt etwa der Palast der Tornabuoni, die den Medici eng verbunden waren, eine Imitation des Palazzo Medici, mit Ausnahme der Fassadengestaltung. Giorgio Vasari schreibt über ihn in der zweiten Auflage seiner *Vite:*

> Zurückgekehrt nach Florenz, baute Michelozzo an der Ecke der Via Tornaquinci das Haus für Giovanni Tornabuoni, in allen Teilen fast dem Palast Cosimos ähnlich, nur nicht mit vorragenden Steinen an der Fassade und nicht mit Gesimsen, sondern ganz einfach ausgeführt.[108]

Die Variation der Fassade kann als Verzicht auf die Zurschaustellung eines konkurrierenden Machtanspruches und somit als bewußte Unterordnung aufgefaßt werden.

Der Palazzo Strozzi hingegen greift alle herrschaftlichen Architekturmotive des Palazzo Medici auf, ja er tritt sogar sichtbar in Konkurrenz zu ihm. Glaubt man der Vita des Bauherren, wurde die Erscheinung des Palastes über einen langen Zeitraum argumentativ vorbereitet: An die Verwendung von Bossenmauerwerk hat Filippo nämlich zunächst nicht gedacht. Auch weiter entfernt, in Ferrara, fragten sich

---

106 Vgl. dazu Tönnesmann (1983), S. 65f. und Lingohr (1997), S. 195f.

107 Vgl. dazu vor allem Tönnesmann (1993) sowie ders., »Palatium Nervae«. Ein antikes Vorbild für Florentiner Rustikafassaden, in: Römisches Jahrbuch für Kunstgeschichte 21, 1984, S. 61–70.

108 Vasari, übers. Schorn und Förster, Bd. 2, 1. Teil, S. 273.

die Verwandten, ob »Bossenmauerwerk Verwendung finden wird.«[109] Die Form des Mauerverbandes war – zusammen mit ihren politischen Implikationen – ein Thema von aktueller Brisanz. Es bedurfte wohl der ausdrücklichen Erlaubnis von Lorenzo de' Medici, daß er als wesentliches Mittel der Architektursprache des Palazzo Strozzi eingesetzt werden konnte. In der Vita wird dies mit der sozialen Funktion des Palastes begründet: »Die Stadt wird durch jede Art von Schmuck erhoben.« Der Palastbau wird in dieser Baugestalt möglich, weil er zur Verschönerung der Stadt beiträgt. Zum Zentrum der Argumentation, die die Erscheinung des Palastes rechtfertigt, wird damit ein alter Topos: In der Toskana ist spätestens seit dem 13. Jahrhundert immer wieder feststellbar, daß die Stadt durch Architektur für ihr *Decorum* Sorge trägt.[110] So gereichen der Neubau der Bettelordenskirchen S. Croce und S. Maria Novella »der Stadt zur Zierde«; der Dom von Florenz wird bereits im Modell ein »wunderbares Werk« genannt, das »über alle Maßen für den Schmuck und die Ehre der Stadt« sorge.[111]

Die Architektur wird zum sozialen Medium innerhalb des Stadtgefüges. Am Palazzo Strozzi hat dies sichtbaren Ausdruck gefunden: bald nach Vollendung erhielt er eine umlaufende Sitzbank.[112] Der Palast wurde so in den öffentlichen Raum integriert, er vermittelt »optisch wie aktiv zwischen dem Bau und der Straße, weil er zum Verweilen einlädt.«[113]

---

109 Zit. nach Kent (1977), S. 315, Anm. 16.

110 Vgl. dazu neuerdings Klaus Krüger, Selbstdarstellung im Konflikt. Zur Repräsentation der Bettelorden im Medium der Kunst, in: Die Repräsentation der Gruppen. Texte, Bilder, Objekte, hg. von Otto G. Oexle und Andrea von Hülsen-Esch, Göttingen 1998, S. 127–186, hier S. 146–158.

111 Die Zitate nach Wolfgang Braunfels, Mittelalterliche Stadtbaukunst in der Toskana, München [4]1979 ([1]1953), S. 147ff.

112 Elam (1985), S. 110.

113 Lingohr (1997), S. 35.

Abb. 15:
Giuliano da Maiano,
Palazzo Spannocchi,
Siena. Fassade

Wie der Vergleich des ausgeführten Palastes mit dem Baumodell zeigt, hat man sich bei der Errichtung des Palazzo Strozzi für eine durch die Maßrelationen beeindruckendere Gesamterscheinung entschieden. Gleichwohl war sie konservativ; zu erinnern ist, daß sich die Baugestalt in ihrer Struktur an den Palazzo Spannocchi in Siena anlehnt und damit Formen rezipiert, die seit über einer Generation in der Baukunst etabliert waren (Abb. 15). Beim Bau des Palazzo

Strozzi wurden also nicht die fortschrittlichen Gestaltvarianten etwa eines Palazzo Rucellai in Florenz berücksichtigt, wie sie die Variante des Detailmodells vorgeschlagen hatte (Abb. 8). Mit einer Pilasterordnung wäre der Rekurs auf den Palazzo Medici nicht mehr sichtbar geworden. Dieser ist der Bezugspunkt der Fassade, auch der Herzog von Ferrara hatte diese Relation vor Augen: Er schrieb, wenn Rustika Verwendung finden wird, wird der Palazzo Strozzi »prächtiger als der Palazzo Medici.«[114] Die politisch besetzten Gestaltmotive wie die Biforienfenster, die Rustika und das Abschlußgebälk waren den Betrachtern vertraut. Daß sie als sprechende Bauglieder am Palast erscheinen konnten, war lediglich ein Ausweis der – erfolgreichen – Parteienbildung. Wenn alle baukünstlerischen Gestaltmittel schon längst etabliert sind, wird für die beeindruckendere und damit vordergründig überzeugendere Erscheinung nurmehr die schiere Größe und ein hohes Maß an Symmetrie und Einheitlichkeit entscheidend.
Im Palastinneren wirkten sich dagegen die politisch motivierten, baukünstlerischen Referenzen nicht auf die Gestaltung aus. So verwundert es nicht, daß hier etwas vollkommen Neues entsteht: Mit dem Bezug auf die traditionelle Bautypologie des vierseitigen Portikushofs, wie sie sich im Quattrocento herausgebildet hatte,[115] verwirklichte Cronaca hier eine eigenständige Variante (Abb. 16). Den etablierten dreigeschossigen Aufriß brachte er in eine beruhigte, logisch gegliederte Abfolge. Als charakteristisch erscheinen die tektonische Staffelung der Stützen und die Plastizität der Gliederungselemente. Entscheidend neu ist am Hof neben den Ausmaßen, die aus den Gegebenheiten resultieren, der *piano nobile*. Mit seiner großen Pfeilerarkatur weicht er vom bis dahin in Florenz üblichen Aufrißschema ab. Cronaca korrelierte Innen- und Außenbau und kleidete die Aufrißstruktur in eine antikische Form aus Pfeilerarkaden über einer Piedestal-

---

114 S. oben, S. 7.

115 S. dazu Tönnesmann (1983), S. 81–84; zuletzt Lingohr (1997), S. 148ff.

*Abb. 16:* Cronaca, Palazzo Strozzi, Innenhof

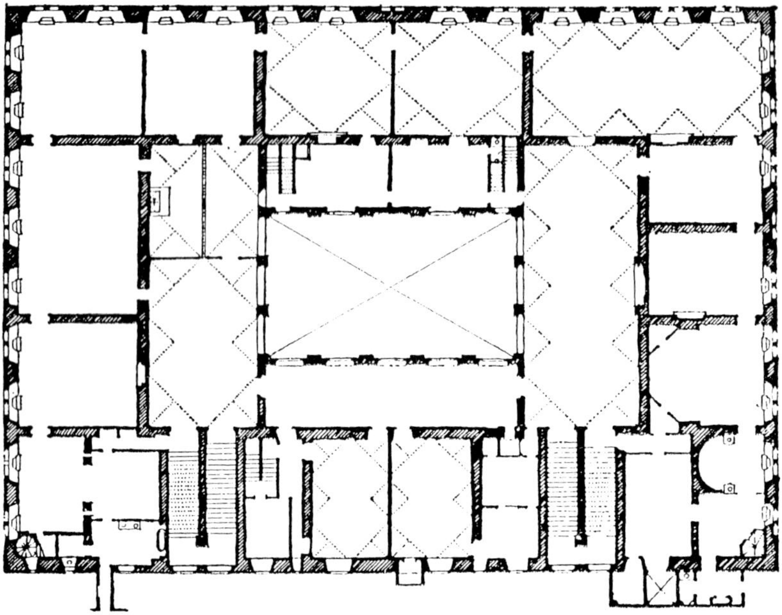

*Abb. 17:* Palazzo Strozzi, Grundriß des *piano nobile*

zone.[116] An einer halböffentlichen Stelle des Palastes war also künstlerische Innovation möglich.

Anhand der umfangreichen familiären Korrespondenz, die den Bau des Palazzo Strozzi begleitet, läßt sich zeigen, daß der Bau als Zeugnis des Ruhms von Filippo Strozzi verstanden wurde:

---

116 Ausführlich Giuseppe Marchini, Il Cronaca, in: Rivista d'Arte 23, 1941, S. 99–136, hier S. 100–105.

> Ich habe gehört, daß Filippo mit dem Bau des Palastes begonnen hat und bin sehr zufrieden damit, daß er damit eine Erinnerung an sich selbst hinterlassen wird.[117]

Der letzte Halbsatz findet fast wörtlich Eingang in seine Vita. Auch hier wird also der Palast zum persönlichen Monument des Triumphes von Filippo Strozzi. Zugleich ist er jedoch auch ein Zeugnis für die wiederhergestellte Bedeutung der Familie. Die Ferrareser Verwandten wie auch andere Personen geben mit gleichem Nachdruck in mehreren Briefen ihrer Freude über den Palastneubau in seiner Bedeutung für die Familienehre Ausdruck. Kurz nach Baubeginn äußert sich Giovanni:

> Ich habe von Filippo [und dem Palastbau] gehört; alle Strozzi und ich mit ihnen sind äußerst erfreut darüber, auch im Hinblick auf das Heil der Strozzi.[118]

Etwas später schreibt Roberto Strozzi an Filippo:

> Genauso wie ich gehört habe, daß der Palastbau begonnen hat, habe ich gehört, daß er starke Fortschritte macht. Möge Gott uns erlauben, ihn schnell vollendet sehen zu können, zum Trost und zur Ehre für Dich und die Deinigen.[119]

Den Höhepunkt dieser Reihe von Briefen bildet ein Schreiben Bardo Strozzis von März 1490 an Filippo, in dem er die Bemerkungen seiner Verwandten aufgreift, aber um einige bezeichnende Aspekte ergänzt:

---

117 »Intendo Filippo a chominciato la muraglia et ne sono tutto chontento che pure lascerà qualche memoria di sè (Brief Lorenzo di Carlo Strozzis an Michele vom 21. August 1489, zit. nach Kent 1977, S. 315, Anm. 14).

118 »Intexi de Filipo tuti questi Strozzi e mi co'loro ne è gra' piazere rispeto alla caxa di Strozzi« (Brief vom 27. Juli 1489, zit. nach Kent 1977, S. 313, Anm. 9).

119 »Sicome intesi del principio dela fabrica principiata, anche ho intexo come s'è proseguita gagliardamente. Dio ce ni factia vedere presto il fine, per consolatione et honore vostro et de tutti li vostri« (Brief vom 1. April 1490, zit. nach Kent 1977, S. 319, Anm. 29).

> Und von dem großen und großartigem Gebäude, das Ihr bauen laßt zu Ehre und Ruhm des Vaterlandes und zur Erhöhung des Hauses der Strozzi: Möge Gott Euch segnen und Euch den Bau zu gutem Ende und Zufriedenheit schnell vollenden lassen.[120]

Der Bezugsrahmen, in den der Palastbau gestellt wird, hatte sich also nochmals erweitert. Nach 1489 wurde Filippo Strozzi durch den großartigen Palast, um mit den Worten seines Sohnes zu sprechen, »vom privaten Bürger zu einem Prinzen« (Dok. I, Z. 65).

---

120 »I'ò inteso di vostra benestare e della grande e magnificha fabricha che voi fate honore e gloria della patria ed esaltazione della chasa, che Iddio vi prosperi e in bono fine e gholdimento ve la lasci presto finire« (zit. nach Kent 1977, S. 320, Anm. 34).

# X Schluß

Filippo Strozzi hat nicht nur einen Palast errichten lassen: Wie für die anderen Florentiner Patrone des 15. Jahrhunderts, die Medici, Giovanni Rucellai, Giuliano Gondi und Giovanni Tornabuoni sind auch für ihn zahlreiche weitere Kunststiftungen nachweisbar. Seine Vita benennt als größere Stiftungen einige Villen, eine Kapelle in der Nähe von Florenz sowie seine Grabkapelle in S. Maria Novella (Dok. I, Z. 71; Abb. 18). Hier wurde Filippo in der oben geschilderten Zeremonie zu Grabe getragen; die Form des vom Bildhauer Benedetto da Maiano geschaffenen Grabmals ist vollkommen neu: Der Sarkophag ist in einer Nische zusammen mit einem Madonnentondo *hinter* dem Altar situiert. Das Grabmal wird damit zum Altarretabel und präfiguriert die Aufstellung der Figuren Michelangelos in der Medici-Kapelle.[121] Die Grabkapelle mitsamt ihrer Freskierung von Filippino Lippi ist das künstlerisch innovativste Projekt Filippos, die andere Kapelle hingegen – in Malmantile bei Florenz gelegen – steht wie auch der Palast in der direkten Nachfolge Florentiner Architektur aus der Mitte des Jahrhunderts (Abb. 19). An ihr überrascht allein, wie unverhohlen hier auf den Auftraggeber verwiesen wird: Die im Gebälk angebrachte Inschrift nennt zentral Filippos Namen. Die Überlieferung des persönlichen Andenkens an Filippo erschien am Palast vermessen, in der Peripherie war sie dagegen offenbar problemlos möglich.

Unter ästhetischen Gesichtspunkten lassen sich die verschiedenen Projekte Filippos nicht zusammenfassen, zu verschieden sind sie in Stillage und Anspruchsniveau. Zur Erklärung des Umfangs der Projekte läßt sich der Ausspruch Giovanni Rucellais anführen, der die Beweggründe für Architekturstiftungen kommentierte, indem er einen Aphorismus bemühte: Zwei Dinge gebe es, die ein Mann in dieser

---

121 David Friedman, The Burial Chapel of Filippo Strozzi in Santa Maria Novella in Florence, in: L'Arte 9, 1970, S. 109–131.

*Abb. 18:* Florenz, S. Maria Novella. Strozzi-Kapelle

*Abb. 19:* Lecceto (Malmantile), SS. Filippo e Giacomo. Chor

Welt tun müsse, nämlich »zeugen und bauen.«[122] Mit beidem sorge man für die Überlieferung des Familiennamens, für die Memoria.

---

122 »Due cose principali sono quelle che gl'uomini fanno in questo mondo: La prima lo'ngienerare: La seconda l'edificare« (Zibaldone, f. 83v, zit. nach Francis W. Kent, 1981, S. 13), vgl. daneben die von Kent (ders., S. 13, Anm. 8) bekannt gemachte Stelle aus Giannozzo Salviatis Zibaldone von 1484: »Due sono le principali chose che fanno gli uomini in questo mondo, cioè la prima se è lo'ngienerare, la sechonda si è lo edifichare. Ma debbesi edifichare per neciesità non per volontà.

Wie Francis Kent beobachtet hat, wurde in Testamenten häufig mit den Worten »per conservare la memoria del detto testatore« die gedächtnisstiftende Funktion von Erbvermächtnissen oder Stiftungen bezeichnet.[123] Kirchliche wie private Bauten waren Zeugnisse bleibenden Nachruhms. Man wird annehmen dürfen, daß Stiftungen vor allem durch drei Gründe motiviert waren: Einerseits durch den Wunsch nach der Sicherung des Andenkens – an sich selbst und an die Familie –, zum zweiten durch die Absicht, mit dem Stiftungsprojekt die Stadt zu verschönern und schließlich durch Frömmigkeit und den damit verbundenen Wunsch, Vorsorge zur Linderung der Schmerzen des Fegefeuers zu treffen, ja die Zeit darin sogar abzukürzen.[124] Die eschatologische Ausrichtung war für die kirchlichen Stiftungen von fundamentaler Bedeutung. Als einer der wenigen Kunstpatrone benennt Giovanni Rucellai ausdrücklich diese Trias von Gründen.[125] Für manchen Stifter waren Frömmigkeit und tiefe Demut sicherlich die zentralen Motive der Stiftung, wie nicht zuletzt deren Testamente belegen. Demgegenüber war Filippo Strozzi wie Giovanni Rucellai ein »angstfreier Geschäftsmann, der sich kaum Sorgen um sein Seelenheil machte.«[126] Sein zentrales künstlerisches Projekt war der Palast; dieser sollte den bleibenden Nachruhm sichern.

---

123 Kent (1981), S. 54.

124 Zum Fegefeuer vgl. u. a. Jacques Le Goff, Die Geburt des Fegefeuers. Vom Wandel des Weltbildes im Mittelalter, München 1990 (urspr. frz. Paris 1981), zur Jenseitsvorsorge Richard A. Goldthwaite, Wealth and the Demand for Art in Italy 1300–1600, Baltimore/London 1993, S. 108f.

125 Roeck in Vespasiano da Bisticci, übers. Roeck, S. 42f.

126 Gene Adam Brucker, Florenz in der Renaissance. Stadt, Gesellschaft, Kultur, Reinbek 1990 (zuerst engl. als Renaissance Florence, 1969), S. 161.

# XI Quellentexte und Sekundärliteratur


Alberti, Leon Battista, Zehn Bücher über die Baukunst, ed. u. übers. von Max Theuer, Wien/Leipzig 1912.

Bisticci, Vespasiano da, Große Männer und Frauen der Renaissance. Achtunddreißig biographische Porträts, ausgewählt, übersetzt und eingeleitet von Bernd Roeck, München 1995.

Borsook, Eve, Documenti relativi alle cappelle di Lecceto e delle Selve di Filippo Strozzi, in: Antichità Viva 9, 1970, Hf. 3, S. 3–20.

Elam, Caroline, Palazzo Strozzi. Two Drawings by Baccio d'Agnolo and the Problems of a Private Renaissance Square, in: I Tatti Studies 1, 1985, S. 105–135.

Filarete, Antonio Averlino detto il Filarete, Trattato di Architettura. Testo a cura di Anna Maria Finoli, Liliana Grassi, 2 Bde., Mailand 1972 (Trattati di architettura, Vol. 2).

Gaye, Giovanni, Carteggio inedito d'Artisti dei secoli 14.–16. 3 Bde., Florenz 1839–1840.

Goldthwaite, Richard A., The Florentine Palace as Domestic Architecture, in: The American Historical Review 77, 1972, S. 977–1012.

Goldthwaite, Richard A., The Building of the Strozzi Palace. The Construction Industry in Renaissance Florence, in: Studies in Medieval and Renaissance History 10, 1973, S. 97–194.

Hausmann, Friederike, Die Macht aus dem Schatten. Alessandra Strozzi und Lucrezia Medici: Zwei Frauen im Florenz der Renaissance, Berlin 1993 (Wagenbachs Taschenbuch 221).

Kent, Francis W., »Più superba de quella de Lorenzo«: Courtly and Family Interest in the Building of Filippo Strozzi's Palace, in: Renaissance Quarterly 30, 1977, S. 311–323.

Kent, Francis W., The making of a renaissance patron of art, in: Giovanni Rucellai ed il suo Zibaldone, Bd. 2, A Florentine Patrician and his Palace. Studies, London 1981, S. 9–95 (Studies of the Warburg Institute, hg. von J. B. Trapp, Bd. 24).

Landucci, Luca, Diario Fiorentino (1480–1516) continuato da un anonimo fino al 1542, ed. Jodoco del Badia, Florenz 1883.

Luca Landucci, Ein Florentinisches Tagebuch 1450 bis 1516 nebst einer anonymen Fortsetzung 1516–1542, übers. und kommentiert von Marie Herzfeld, Jena 1912 (Das Zeitalter der Renaissance. Ausgewählte Quellen zur Geschichte der italienischen Kultur, hg. von Marie Herzfeld, I. Serie, Bde. V/VI).

Leinz, Gottlieb, Die Loggia Rucellai. Ein Beitrag zur Typologie der Familienloggia. Mit einem Katalog Florentiner »Loggienfamilien«, Bonn 1977.

Lepik, Andres, Das Architekturmodell in Italien 1335–1550, Worms 1994 (Römische Studien der Bibliotheca Hertziana, hg. von Christoph Luitpold Frommel und Matthias Winner, Bd. 9).

Lingohr, Michael: Der Florentiner Palastbau der Hochrenaissance. Der Palazzo Bartolini Salimbeni in seinem historischen und architekturgeschichtlichen Kontext, Worms 1997.

Markschies, Alexander, »Gebaute Armut«. San Salvatore e San Francesco al Monte in Florenz (1418–1504), München/Berlin 2000 (Aachener Bibliothek, hg. von Andreas Beyer, Bd. 3).

Masi, Bartolomeo, Riccordanze di Bartolomeo Masi Calderaio Fiorentino dal 1478 al 1526, ed. Giuseppe Odoardo Corrazzini, Florenz 1906.

Pampaloni, Guido, Palazzo Strozzi, Rom 1963.

Preyer, Brenda, I documenti sulle fondamente di Palazzo Strozzi, in: Palazzo Strozzi. Metà Millennio 1489–1989. Atti del Convegno di Studi, Firenze, 3.–6. Juli 1989, Rom 1991, S. 195–213.

Rossi, Tribaldo de', Ricordanze tratte da un libro originale, in: Delizie degli Eruditi Toscani, ed. Ildefonso da S. Luigi, Bd. 23, Florenz 1786, S. 236–303.

Sale, Russel J., Filippino Lippi's Strozzi Chapel in Santa Maria Novella, New York/London 1979.

Strozzi, Alessandra Macinghi, Lettere di una gentildonna fiorentina del secolo XV ai figliuoli esuli, hg. von Cesare Guasti, Florenz 1877.

Strozzi, Alessandra Macinghi, Briefe, hg. von Alfred Doren, Jena 1927 (Das Zeitalter der Renaissance. Ausgewählte Quellen zur Geschichte der italienischen Kultur, hg. von Marie Herzfeld, I. Serie, Bd. X).

Tönnesmann, Andreas, Der Palazzo Gondi in Florenz, Worms 1983 (Römische Studien der Bibliotheca Hertziana Bd. 1).

Tönnesmann, Andreas, Zwischen Bürgerhaus und Residenz. Zur sozialen Typik des Palazzo Medici, in: Piero de'Medici »il Gottoso« (1416–1469). Kunst im Dienste der Mediceer, hg. von Andreas Beyer und Bruce Boucher, Berlin 1993 (Artefact, Bd. 6, hg. von Tilmann Buddensieg u. a.), S. 71–88.

Vasari, Giorgio, Le Opere, ed. Gaetano Milanesi, 9 Bde., Florenz 1878–1885 (enthält den Text der Vitenausgabe Florenz 1568).

Vasari, Giorgio, Leben der ausgezeichnetsten Maler, Bildhauer und Baumeister. Deutsche Ausgabe von Ludwig Schorn und Ernst Förster, hg. und eingeleitet von Julian Kliemann, 6 Bde., Worms 1988 (1. Aufl. Stuttgart/Tübingen 1832–1849).

## XII Abbildungsverzeichnis

## XIII Abbildungsnachweis

Aachen, Archiv der Verfassers: 1
Aachen, Fotothek des Kunsthistorischen Instituts der RWTH: 3, 4, 5, 6, 8, 9, 10, 13, 14, 17, 18
Marburg, Bildarchiv Foto Marburg: 11
Berlin, Staatliche Museen, Skulpturensammlung: 2
Dreieich, Sonja Müller: 15
Florenz, Kunsthistorisches Institut: 16, 19
Florenz, Soprintendenza per i Beni Culturale e Ambientali: 7, 12

Der Text wurde in den Bibliotheken des Kunsthistorischen Instituts Florenz und des Deutschen Studienzentrums Venedig verfaßt. Erste Ideen für das Buch entstanden während eines Studienkurses zum Thema »Palastbaukunst« des Kunsthistorischen Instituts Florenz unter Leitung von Hans Hubert, Elisabeth Oy-Marra und Günter Passavant im September 1992. Andreas Beyer, Till-Holger Borchert, Anja Brug, Dietrich Erben, Antje-Fee Köllermann, Marina Mariani, Johannes Myssok und Andreas Tönnesmann halfen dabei, aus dem Manuskript ein Buch zu machen.